현존의 행복

Presence, volume I
The Art of Peace and Happiness
by Rupert Spira

Copyright © Rupert Spira 2016
All rights reserved

Korean translation copyright © 2025 by Chimmuk Books
Korean translation rights arranged with Sahaja Publications

이 책의 한국어판 저작권은 Sahaja Publications 사와의 독점 계약으로
'침묵의 향기'가 소유합니다.
저작권법에 의하여 한국 내에서 보호를 받는 저작물이므로
무단 전재와 복제를 금합니다.

행복은 우리의 존재 안에 늘 있습니다

현존의 행복

루퍼트 스파이라 지음 | 심성일, 김윤 옮김

침묵의 향기

이 책을 출간하는 데 직접적으로, 간접적으로 도움을 주신 모든 분께 감사의 마음을 전하고 싶습니다. 특히 엘렌 에밋, 크리스 헤버드, 라메삼 베무리, 에드 켈리, 로렌 에스케나지, 줄리안 노이스, 이안과 르나테 먹네이 부부, 톰 타버트, 캐롤라인 시무어, 루스 미들턴, 빅토리아 리치, 롭 보우던, 재클린 보일, 존 프렌더게스트에게 감사드립니다.

탱글탱글한 사과, 부드러운 바나나, 멜론, 복숭아,
구스베리… 이 모든 풍요로움이
입 속에서 어떻게 죽음과 삶을 말하는지요… 나는 느낍니다…
보세요, 어린아이의 천진한 표정에서

아이가 맛볼 때. 이것은 멀리서 옵니다.
당신의 입 안에서 어떤 기적이 일어나고 있나요?
무르익은 과일에서
말 대신, 발견들이 흘러나오며
자유로워짐에 놀랍니다.

감히 말해 보세요, '사과'가 진정 무엇인지를.
처음엔 두껍고 진하고 짙게 느껴지던 이 달콤함이
당신의 미각에서 절묘하게 들어 올려져

점점 투명해지고 깨어나고 선명해지며,
이중의 뜻을 지니고, 햇살 가득하며 대지의 기운을 딛고 실재하며—
오, 앎이여, 즐거움이여—끝없이 펼쳐집니다.

_라이너 마리아 릴케
오르페우스에게 바치는 소네트, 1부 13편

차례

추천사 ...11
서문 ...14
머리말: 행복의 추구 ...16

1부 우리의 참된 본성

1. 나는 누구 또는 무엇일까요? ...23
2. '나, 몸과 마음'에서 '나, 아는 현존'으로 ...29
3. 우리의 참된 자기는 위치나 한계가 없습니다 ...36
4. 우리의 본질적인 존재를 잊어버림 ...43
5. 우리의 참된 자기는 태어나지도 죽지도 않습니다 ...50
6. 우리 존재의 영원하고 무한한 본성 ...57
7. 현존은 스스로 비춥니다 ...62
8. 참된 자기만 있습니다 ...68

2부 평화와 행복, 사랑의 본성

9. 우리의 본질적 존재는 평화 자체입니다 ...75
10. 행복은 우리의 존재 안에 본래 있습니다 ...79
11. 사랑은 모든 경험의 자연 상태입니다 ...82
12. 영원한 지금 ...88

3부 분리된 자아의 기원

13. 분리된 자아의 본래 모습   ...103
14. 평화와 행복이 가려짐   ...110
15. 평화와 행복은 몸과 마음의 상태가 아닙니다   ...115
16. 분리된 자아는 개체가 아니라 활동입니다   ...119
17. 행복은 있지 않은 적이 없습니다   ...125
18. 욕망이 끝나기를 욕망하기   ...132
19. 추구의 실패   ...136

4부 몸

20. 몸 안의 분리감   ...147
21. 몸에 관한 지각   ...150
22. 몸에 관한 감각   ...157
23. 여과되지 않은 날것의 경험   ...166
24. 늘 현존하며 이음매 없는 경험   ...171

5부 세계

25. 우리의 세계는 지각으로 이루어집니다   ...181
26. 지각, 그리고 마음의 한계   ...186
27. 자연의 거울   ...196

28. 세계와 앎의 자리바꿈   ...209
29. 세계의 친절함   ...214

6부 경험

30. 경험의 친밀함   ...221
31. 지금의 친밀함과 직접성   ...231
32. 어떤 자아를 탐구하고 있나요?   ...237
33. 나는 어떤 것이거나 아무것도 아니거나 모든 것입니다   ...249
34. 현존에 모든 것을 내맡김   ...252
35. 문제는 없습니다   ...260
36. 행복이 최고의 영적 수행입니다   ...264
37. 앎의 빛   ...277
38. 스승과의 관계   ...280

에필로그   ...289

추천사

세대마다 우리의 본질적이고 나뉘지 않은 본성으로 돌아오라고 부르는 특별히 명료한 목소리가 몇몇 나타나는 것 같습니다. 루퍼트 스파이라는 그런 목소리이며, 이 책에 담긴 에세이 모음은 그의 노래이자 기억과 예찬의 찬가입니다.

노래가 그러하듯, 이 말을 진정으로 들으려면 마음이 열려 있어야 합니다. 이 겹겹이 포개진 글들의 밑바탕에 깔려 있는 진동하는 침묵을 듣고 느끼려면, 글을 읽으며 주의 깊게 숙고해야 합니다. 훌륭한 와인이나 맛있는 식사, 유난히 아름다운 노을을 음미하듯 천천히 음미해 보세요. 그 글들이 흘러나오는 근원인 지혜와 사랑이 당신을 깊이 적시도록 허용해 보세요. 그리고 당신에게 어떤 영향이 오는지 느껴 보세요. 진실을 알고 사랑하는 당신 안의 그것이 집으로, 진정한 당신으로 돌아오라는 그 부름에 응답할 것입니다.

이 우아하게 쓰인 간결한 에세이들은 우리가 직접 경험하는 것을 근본적으로 탐구하도록 초대합니다. 그리고 분리된-내부-자아와 분리된-외부-세계라는 겉보기에 이원적인 현실을 탐구해 보라고 계속 도전합니다.

실제 경험을 주의 깊게 관찰할 때, 자기와 타자라는 상식적인 구분은 허공에 그어진 선처럼 사라집니다. 겉보기에 분리된 자아(추구하고 저항하는 과정)가 분명히 간파되면, 그 자아는 우리의 생각과 감정에서 모두 기반을 잃어버립니다. 베일처럼 가리고 있는 듯한 장막이 얇아지고 마침내 사라지면서, 늘 이미 여기에 있는 **현존**이 드러납니다. 그것은 모든 경험의 목격자이자 본질입니다. 우리는 모습이 있든 없든 우리 자신에 대한 이 이음매 없고 친밀한 앎이 사랑임을 알아봅니다.

이 글들은 시대를 초월하면서도 현대적입니다. 전혀 나타나지도 사라지지도 않는 그 무엇을 가리킨다는 점에서 시대를 초월합니다. 이해하기 어려운 전통적 표현 방식이 아니라, 평범한 서구인들도 다가갈 수 있는 방식으로 비이원적 이해를 표현한다는 점에서 현대적입니다. 제가 보기에, 현대의 일부 비이원론 가르침은 초월성을 지나치게 강조하는 반면, 이 글들은 내재성을 적절히 포함하고 있습니다. 이는 균형 잡힌 접근 방식입니다.

루퍼트는 가장 힘든 감정과 불편한 감각을 포함한 모든 인간적인 경험을 환영하라고 권합니다. 분리된 자아라는 우리의 가장 깊은 정체성이 몸 안에 자리 잡고 있기 때문입니다. 우리의 몸과 마음이, 환상에 불과한 분리된 자아의 압제와 폭정에서 해방될 때, 우리는 점점 더 자유롭게 사랑하고 창조하고 놀게 됩니다. 우리는 아무 이유 없이 행복하고 감사하며 평화롭습니다. 이러한 변화는 우리의 일과 모든 관계로 퍼져 나갑니다. 그것은 조용히 혁명적인 존재 방식입니다.

진실을 드러내는 이 강력한 글들을 즐기면서, 진정한 자신으로 드러나도록, 삶을 진정 있는 그대로, 즉 열리고 스스로 빛나는 **현존**임을 발견하도록 준비하세요.

_존 J. 프렌더게스트 박사

서문

첼리스트 파울로 카잘스는 바흐의 첼로 모음곡을 녹음하기에 앞서 35년 동안 그 곡을 탐구하고 연습했습니다. 이 책에 담긴 사색들도 여러모로 그와 비슷한 방식을 따라, 하나의 주제를 차분하지만 다소 끈질기게 깊이 들여다보며 탐구합니다.

사실, 쉽사리 문자로 표현하기 어려운 본질에 관한 내용을 완결된 책의 형식으로 펴내는 데는 지금도 조금 망설여집니다. 책보다는 음악의 형식으로 표현하는 편이 더 나을 것 같습니다. 음악은 말하자마자 사라지며, 그 참된 내용을 듣는 이의 가슴에 모습 없는 향기로 남겨 두기 때문입니다.

이 책은 경험의 본질에 관한 명상이며, 우리를 경험의 중심으로 들어가는 여행으로 데려갑니다. 그러니 어느 정도의 반복은 피할 수 없는 일입니다.

새로운 발상이나 자극, 오락을 추구하는 마음에는 이런 반복이 때로는 답답하게 느껴질 수도 있습니다. 하지만 경험의 중심을 찾으려는 마음에는 그렇게 경험되지 않을 것입니다. 우리는 이 사색들이 경험을 점점 더 깊이 탐구해 들어가다가, 결국 경험의 본질에 잠기게 하는 과정임을 볼 수 있습니다.

이렇게 탐구하는 동안 미묘한 면과 의미의 층들이 차례로 드러나지만, 우리는 어느 특정한 이해의 틀에 안주하지 않습니다. 새로운 이해들은 각각 이전의 이해를 해소하지만, 결국 머잖아 그 자신도 해소될 것입니다.

사실, 경험의 본질을 탐구하고 표현하려 하는 말의 힘은 말로 정확히 표현할 수 없는 것을 설명하는 능력보다는 스스로 해소되는 성질에 있습니다. 나는 여러분이 이 점을 유념하며 이 책을 읽기를 바랍니다.

2011년 9월
루퍼트 스파이라

머리말 | 행복의 추구

만약 지구 위에 살고 있는 60억 명에게 삶에서 가장 원하는 것이 무엇이냐고 묻는 여론조사를 한다면, 거의 모든 사람이 '행복'이라고 답할 것입니다. 어떤 사람들은 이렇게 직접적으로 답하지 않는 대신, 예를 들어 친밀한 연인이나 배우자, 가족, 더 많은 돈을 원한다고 말할지도 모릅니다. 하지만 이 모든 것을 바라는 까닭은 그것들이 주는 행복을 얻기 위해서입니다. 사실, 대다수 행위는 행복을 얻기 위해 이루어집니다.

우리는 행복을 추구하면서 처음에는 몸과 마음과 세상이라는 세속적인 영역에서 찾으려 해 봅니다. 어릴 때부터 우리는 바라던 대상을 얻으면 원하는 행복이 주어지는 것 같다는 사실을 발견합니다. 그 결과, 관계나 행위, 대상을 얻음이라는 한쪽과 행복의 경험이라는 다른 쪽의 연관성이 우리 삶의 근본적인 사실로 자리 잡습니다.

그러나 어느 정도 시간이 지나면, 물질적 대상이든 인간관계든 행위든 마음 상태든, 우리가 바라던 대상을 계속 가지고 있어도 그것이 주는 것처럼 보이던 행복의 경험이 서서히 사라질 것입니다. 이것만으로도 행복은 대상이나 관계, 상태를 얻은 결과가 아니라는 것을 보여 주기에 충분할 것입니다. 만약 행복이 대상과 관련되어 있다면, 대상이 남아 있는 한 행복도 남아 있을 것입니다.

이 단순한 메시지를 받아들이는 대신, 우리는 한때 행복을 주는 것처럼 보였던 대상을 버리고는 그것을 대신할 다른 대상을 찾습니다. 그것이 지금 자기에게 없는 행복을 다시 가져다주기를 바라면서 말입니다. 사실, 행복과 평화, 사랑을 얻기 위해 이런저런 대상을 연이어 추구하는 패턴은 대다수 사람의 기본적인 생활 패턴입니다.

일반적인 욕망의 대상들을 얻어도 행복해지지 못하는 경험을 되풀이하면, 우리는 다른 수단을 찾기 시작합니다. 우리는 일과 돈, 음식과 물질, 성관계, 인간관계와 같은 세속적인 영역에서 행복을 추구하는 노력이 강박적일 정도로 심해져 다양한 수준의 중독에 빠지거나, 아니면 세속적인 영역에서 눈을 돌려 영적 추구를 시작할 것입니다.

영적 추구는 흔히 세속적인 경험의 영역에서 행복과 평화, 사랑을 얻으려는 노력이 실패했을 때 시작됩니다. 아주 짧은 순간만 맛볼 수 있는 듯한 행복 대신에, 이제 깨달음이라는 영원한 상태를 추구합니다. 사실, 우리의 깨달음 추구는 세속적인 행복 추구를 이름만 바꾼 것에 불과합니다.

이러한 추구는 우리를 세속적인 대상이나 관계보다 어떤 마음 상태를 얻는 데 중점을 두는 새로운 경험 영역으로 데려갑니다. 그리고 대상이나 관계를 얻으면 짧은 행복을 맛보게 되어 세속적인 추구를 잠시 끝내듯이, 이런 마음 상태를 새롭게 얻으면 같은 행복―우리는 이제 이것을 깨어남 또는 깨달음이라고 부릅니다―을 잠시 맛보게 되어 역시 영적 추구를 잠깐 끝내게 됩니다. 그렇지만 우리가 앞에서 대상과 관계를 얻는 것을 행복의 원천으로 오해했듯이, 우리는 이제 이 새로운 마음 상태를 깨달음으로 착각합니다.

그러나 이전에 행복했던 순간들이 그랬듯이, 이 짧게 맛보는 행복한 순간들은 이내 대상과 관계, 상태에서 행복과 평화, 사랑을 추구하는 오래된 패턴에 가려집니다. 그로 인해 우리의 탐색은 다시 실패에 직면하지만, 이제는 더이상 탐색할 영역이 남아 있지 않습니다. 성서 속의 방탕한 아들처럼 우리는 행복을 찾아 '먼 나라'로 여행을 떠났고, 이제는 그 모든 가능성을 다 써 버렸습니다.

어떤 사람들에게 이러한 실패는 절망이나 위기의 시기로 경험됩니다. 더는 돌아설 방향이 없지만, 탐색은 만족스러운 결말로 이어지지 않았습니다. 추구를 끝내게 해 주는, 적어도 추구의 불편함을 피하게 해 주는 물질, 행위, 관계, 혹은 미묘한 명상 상태의 마음을 통한 일반적인 방법은 추구를 잠시 마비시켰을지는 모르지만, 우리 가슴속에서는 여전히 추구가 불타오르고 있습니다. 탐색할 곳이 더는 남아 있지 않지만, 우리는 추구를 멈출 수 없습니다.

우리가 모두 그렇게 극단적인 상황까지 갈 필요는 없습니다. 때로는 절망보다는 지성이, 우리가 진정으로 갈망하는 것은 몸이나 마음, 세상의 어떤 상태에서 발견될 수 없다는 것을 이해하게 해 줍니다. 사실, 그것은 언제나 우리 자신에게 본래 있는 지성이 작용하는 것입니다. 그것은 어떤 경우에는 우리 삶의 중심에 충격을 주는 위기의 모습을 띠고, 다른 경우에는 더 부드럽고 점진적인 방식으로 작용할 수 있습니다.

어느 경우든 새로운 문이 열릴 수 있는데, 이것은 아직 탐구되지 않은 유일한 문입니다. '거의 항상 행복을 찾고 있는 이 자아는 누구이며, 이 행복의 본질은 무엇인가?' 이 질문은 방탕한 아들이 방향을 돌려 돌아서는 순간입니다. 이 책은 이렇게 방향을 돌려 돌아서는 것으로 시작합니다. 그것은 우리 자신의 본성을, 우리가 추구하는 행복을 깊이 탐구하는 것입니다.

1부

우리의 참된 본성

1.
나는 누구 또는 무엇일까요?

몸과 마음, 세계에 관해 우리가 아는 모든 것은 그것들에 관한 우리의 경험입니다. 경험은 우리 자신의 현존[1]에 전적으로 의존합니다. 우리 자신이 무엇이든 말입니다. 자기 자신이 먼저 현존하지 않는데도 몸과 마음, 세계를 경험한 적이 있거나 경험할 수 있는 사람은 아무도 없습니다.

모든 경험은 우리 자신에 의해 알려집니다. 따라서 몸과 마음, 세계에 관한 우리의 앎은 자기 자신에 관한 우리의 앎과 관련 있으며 그 앎에 의존합니다.

시인이자 화가인 윌리엄 블레이크는, "사람은 자기를 보는 대로 세상을 본다"라고 말했습니다. 그 말은 사람이 자기 자신을 보거나 이해하는 방식이 그 또는 그녀가 대상과 다른 사람, 세계를 보고 이해하는 방식에

---

1 現存. Presence. 지금 여기에 있음. 때로는 '지금 여기에 늘 있는 존재'를 가리키기도 한다.—옮긴이

깊은 영향을 준다는 뜻입니다.

그러므로 모든 것이 의존해 있는 우리 자신에서 시작합시다. 우리가 우리 자신에 관해 확실히 아는 것은 무엇인가요?

이를 알려면 우리 자신에 관해 다른 사람들이나 우리 문화를 통해 배운 모든 것을 기꺼이 옆으로 치워 놓고, 우리 자신의 친밀한 직접 경험에만 의지해야 합니다. 결국, 경험이 진실의 검증 방법이어야 합니다.

우리가 가장 먼저 확실히 아는 것은 '내가 있다(I am)'입니다. 우리 자신이 존재한다는 것을 아는 이 단순한 앎은, 너무나 단순하고 명백해서 보통은 보지 못하고 지나치는데, 누구든지 가질 수 있는 가장 소중한 앎입니다. 나는 내가 무엇인지는 모를 수 있지만, 내가 있다는 것은 압니다.

자신이 있다는 것을 정당하게 부정할 수 있는 사람은 아무도 없습니다. 자기 자신이 있다는 것을 부정하려 할 때조차 자기가 먼저 현존해야 하기 때문입니다. 부모에게 들었거나 책에서 배웠기 때문에 '내가 있다'고 주장하는 사람은 아무도 없습니다. 우리 자신이 있다는 것은 언제나 우리의 친숙하고 친밀한 직접 경험입니다. 그것은 자명하며 의심할 여지가 없습니다. 그러니 있음 혹은 현존은 우리 자신의 타고난 성질입니다. 그 밖에 우리 자신에 관해 확실히 말할 수 있는 것은 무엇인가요?

우리 자신이 실제로 무엇이든지 간에, 우리는 그것에 '나'라는 이름을 붙입니다. '내가 있다'라고 확신하며 주장하려면(이것은 우리가 정당하게 할 수 있는 극소수의 주장 가운데 하나인데) 우리는 반드시 '내가 있다'는 사실을 알아야 합니다. 다시 말해, 우리가 자기 자신이 있음을 확신하는 이유는 직접 경험으로 알기 때문입니다. 우리는 자기 자신이 있음을 증명하기 위해 간접적인 정보나 과거의 정보에 의지하지 않습니다. 바로 지금 우리의 있음 또는 현존은 명백합니다.

우리가 있음을 아는 그것은 무엇인가요? '내가 있다'는 것을 아는 것은 '나'인가요, 아니면 '나'는 나 자신이 아닌 다른 사람이나 어떤 것에 의해 알려지나요? '내가 있다'는 사실을 아는 것은 틀림없이 '나'입니다. '내가 있다'의 '나'는 내가 있다는 것을 아는 똑같은 '나'입니다. 그러니 앎은 우리 자신의 타고난 성질이며, 자신이 현존하며 안다는 것을 아는 것은 우리 자신, '나'입니다.

우리 자신은 자기가 현존하며 안다는 것을 알기 위해 특별한 무언가를 알 필요가 없습니다. 그저 자기 자신으로 있음으로써 자기를 압니다. 우리 자신은 본래 알기 때문입니다. 또한 자신이 현존하는지 알기 위해 생각과 같은 특별한 뭔가를 할 필요가 없습니다. 우리 자신이 있음을 아는 것은 경험에서 가장 단순하고 가장 명백한 사실입니다. 우리 자신은 모든 생각, 감정, 지각에 앞서 있습니다.

누가 "당신은 지금 여기에 있나요?"라고 묻는다면, 우리는 잠시 멈췄다가 "예."라고 대답할 것입니다. 그렇게 멈추어 있는 동안, 우리는 자기 자신에 관한 친밀한 직접 경험을 살펴보며, 그 경험으로부터 확신하는 대답이 나옵니다. 그렇게 멈추어 있는 동안, 우리는 생각이나 감정, 지각을 살펴보는 게 아니라 자기 자신을 직접 살펴봅니다. 우리의 참된 자기[2]가 자기를 살펴봅니다.

우리의 참된 자기는 자신이 현존하며 안다는 것을 스스로 압니다. 자기의 '아는 **현존**'을 확인하기 위해 외부의 정보원이 필요하지 않으며, 몸이나 마음 같은 다른 대리자도 필요하지 않습니다. 참된 자기는 자기를 직접 압니다.

그러므로 '나'는 현존하면서 안다는 것은 우리의 친밀한 직접 경험에서 분명한 사실입니다. 이런 까닭에 우리의 참된 자기는 때로 **앎**이라고 일컬어지며, 이는 단순히 아는 그것이 현존한다는 뜻입니다. '**앎**'이라는 말은 우리가 참된 자기임을 친밀하게 아는(그것이 자기라고 아는) 존재가 본래 현존하며 안다는 것을 가리킵니다.

이 책에서는 우리의 참된 자기를 '아는 **현존**'이라고, 때로는 간단히 '**현존**'이라고 부릅니다. 때로는 '**의식**' 또는 '**존재**(있음)'라고도 부릅니다. 우리는 이 '아는 **현존**'을 가장 단순하게는 '나'라고 부릅니다. 우리가 그것을 무엇이라고 부르든 간에, 그것은 단순히 우리 존재의 친밀함―**앎**이 자

---

[2] 진정한 우리 자신, 진짜 우리 자신. 많은 사람은 몸과 마음 등을 자기 자신으로 여기지만, 지은이는 우리의 참된 자기는 **현존**(Presence)이자 **앎**(Awareness)이라고 말하며, 하나로 묶어서 '아는 **현존**(aware Presence)'이라고 말한다. 이 책에서는 우리가 흔히 우리 자신이라고 여기는 대상과 구별하기 위해 '참된 자기'라는 용어를 쓴다.―옮긴이

기를 앎—이며, 모든 사람이 가장 명백하고 친숙하지 직접 아는 것입니다.

우리는 다른 어떤 것을 알기 전에 먼저 우리 자신의 존재를 압니다. 그 존재가 자기를 압니다. 즉, 우리가 자신이 있음을 친밀하게 직접 아는 '아는 **현존**'이 자기가 알면서 현존함을 압니다. '나'는 우리가 있음을 아는 이 단순한 앎에 우리가 붙인 이름입니다.

사실, 우리의 존재를 아는 이 앎은 너무나 단순하고 명백하며, 무엇보다도 대수롭지 않아 보이기에 보통은 간과됩니다. 우리의 가장 친밀한 존재를 잊거나 간과함이, 아주 사소한 일처럼 보이겠지만, 사실 우리의 거의 모든 생각과 감정, 활동, 관계를 일으키며 모든 불행의 원천이 됩니다.

그렇지만 우리의 존재를 아는 이 단순한 앎을, **앎**이 자기를 아는 앎을 잊거나 간과할 수 있는 그것은 무엇인가요? 우리의 존재는 명백히 자기를 잊거나 간과할 수 없습니다. 우리의 존재를 아는 앎은 우리가 하는 행위가 아니며, 그것이 바로 우리 자신이기 때문입니다.

사실, 우리의 존재를 아는 이 단순한 앎을 가리는 것처럼 보이고[3], 우리 자신이 앎의 현존이 아닌 다른 무엇인 것처럼 보이게 만드는 것은 바

---

3   지은이는 이 책에서 '겉보기에' '~처럼 보이지만' '~처럼 보이는'과 같은 표현을 많이 쓴다. '겉으로 보기에는 어떠해 보이지만, 우리 생각에는 어떠한 것 같지만, 실제로는 그렇지 않다'는 것을 나타내는 말이다. —옮긴이

로 생각입니다. 이렇게 가리는 생각은 나중에 느낌으로 구현되어, 우리의 참된 자기를 진실로 있는 그대로 아는 앎, 자기를 진실로 있는 그대로 아는 그것의 앎을 가리거나 잊게 만들며, 우리가 이 '아는 **현존**'이 아닌 다른 무엇이라고 믿고 느끼게 합니다.

개인적 수준이든 집단적 수준이든 인류의 역사는 우리의 참된 정체성을 잃어버린 뒤 그것을 되찾기 위해 찾아다니는 드라마입니다.

2.
'나, 몸과 마음'에서 '나, 아는 현존'으로

단순히 있음과 앎 외에, 우리의 참된 자기, 이 '아는 현존'에게 있는 다른 성질들은 무엇일까요?

우리의 참된 자기가 현존하며 안다는 사실은 의심할 여지가 없습니다. 그렇지만 우리 자신이 있음을 아는 이 단순한 앎에 으리는 보통 많은 속성을 덧붙입니다. 이 책에서 우리는 참된 자기에 대한 직접적이고 친밀한 앎만을 참고하며 아주 천천히 나아갑니다. 속성들을 덧붙이더라도, 그것은 어떤 믿음에서 나오는 것이 아니라, 진실로 경험—즉, 우리 참된 자기의 자기 자신에 대한 경험—에서 나옵니다.

우리가 흔히 참된 자기에, 우리 자신이 있음을 아는 단순한 앎에 덧붙이는 첫째 속성은 참된 자기가 몸과 마음 안에 있고, 몸과 마음으로 이루어지며, 몸과 마음에 제한된다는 믿음입니다. 우리는 참된 자기가 몸과 마음 안에 있고, 다른 모든 사람과 모든 대상은 바깥에 있다고 여깁니다.

이 기본적인 믿음은 우리의 문화 전체를 떠받치는 근본적인 추정으로 이어집니다. 즉, 경험이 두 부분—분리된 내부의 주체와 분리된 외부의 객체, 알고 느끼고 지각하는 자기 자신과 알려지고 느껴지고 지각되는 타자 또는 세계—으로 나뉘어 있다고 여기는 것입니다.

'나, 아는 **현존**'이 몸과 같고 몸으로 제한되며, 그로 인해 그 특성들을 공유한다는 이 근본적인 믿음이 '아는 **현존**'이라는 우리의 참된 정체성을 가리거나 잊게 하는 원인이 됩니다.

영화 스크린이 그 위에 나타나는 영상에 가려지지 않듯이, 우리가 있음을 아는 단순한 앎도 실제로는 이러한 믿음으로 인해 가려지거나 잊히지 않지만, 겉보기에는 가려지거나 잊히는 것처럼 보입니다. 이 환상은, 실제로는 전혀 일어난 것이 아니지만, 대단히 강력할 뿐만 아니라 우리가 생각하고 느끼고 행동하고 관계 맺는 방식을 깊이 좌우합니다.

우리의 참된 자기가 몸 안에 있으며 몸의 특성을 공유한다는, 겉보기에 사실 같은 이 믿음을 더 자세히 살펴보겠습니다.

먼저 외부 세계에 있다고 여겨지는 것, 예를 들어 지나가는 자동차의 소리나, 건물의 모습, 또는 풍경에 주목해 보세요. 소리나 모습은 우리의 참된 자기, 아는 **현존**에 의해 알려지거나 경험됩니다. 우리는 내부에 살면서 몸에 한정되는 것처럼 보이는 나, 이 아는 **현존**이 자동차의 소리를 듣거나 건물이나 풍경을 본다고 믿습니다.

나는 분명히 소리나 풍경이 아닙니다. 나는 (내가 무엇이든지 간에) 자동차의 소리나 건물의 모습, 또는 풍경을 '아는' 자입니다. 이 소리와 모습은 나타나고 사라지지만 나, 아는 **현존**은 그대로 남아 있습니다. 이런 까닭에 우리는 내가 자동차나 건물, 풍경이 아닌 줄을 압니다.

몸은 어떤가요? 우리는 소리와 모습을 아는 것과 비슷한 방식으로 몸도 알아차리지 않나요? 예를 들어 두통이 있다면, 우리는 나타났다가 사라지는 자동차의 소리를 아는 것과 똑같이, 나타났다가 사라지는 하나의 감각으로서 두통을 알아차립니다. 이런 까닭에 우리는 두통이 우리의 참된 자기에게 본질적인 것이 아님을 압니다. 우리의 참된 자기에 관한 우리의 경험―그 자신에 대한 **앎**의 경험 ― 은 그것이 늘 현존한다는 것입니다. 그러므로 우리가 본질적으로 무엇이든지 간에 우리는 분명히 언제나 현존합니다.

두통이 사라지고 난 뒤에도 남아 있는 참된 자기와 달리, 두통은 나타났다가 사라집니다. 그러므로 우리는 두통이 참된 자기에게 본질적인 것이 아닌 줄을 압니다. 두통은 우리의 본질이 아닙니다. 우리가 이런 식으로 명확하게 표현하지는 않았더라도, 두통은 나타났다가 사라지므로 우리는 두통이 우리 존재에 본질적인 것이 아님을 이해합니다.

이제 주의를 얼굴이나 손과 발의 따끔거리는 감각으로 돌리면, 우리는 자동차나 건물, 풍경이나 두통을 알듯이 그 감각을 안다는 것을 알아차립니다. 소리와 풍경이 나타났다가 사라지듯이 몸의 감각들도 그러합니다. 그러나 우리의 참된 자기, 아는 **현존**은 그대로 남아 있습니다. 다시 말해, 몸(이 경우에는 얼굴이나 손, 발)은 소리나 세계의 모습처럼 우리가 주의를 향하는 대상이며, 우리 자신인 아는 **현존**은 그것들을 보는 주체 혹은 아는 자입니다.

이런 식으로 우리는 단순하지만 혁명적인 발견에 이르게 됩니다. 즉, 경험의 주체 혹은 아는 자는 '나, 몸'이 아니라, '나, 아는 **현존**'이라는 것을 알게 되는 것입니다. 몸의 대상들은 세계의 대상들처럼 알려지거나 경험됩니다. 우리는 세계에 대한 지각을 아는 것과 같은 방식으로 몸의 감각들을 압니다.

두통은 늘 현존하는 것이 아니므로 우리 자신 안에 본래 있는 것이 아니지만, 몸은 늘 현존하므로 우리 자신으로 여기는 것이 타당하다는 이의를 제기할 수도 있습니다. 하지만 우리가 몸의 감각이나 지각을 살펴보면, 몸이 언제나 현존하지는 않는다는 것을 알게 됩니다.

만약 우리가 몸에 관해 가지고 있는 관념이 아니라 몸의 실제 경험을 자세히 살펴보면, 우리가 몸에 관해 유일하게 경험하는 것은 지금 이 순간의 감각이나 지각뿐임을 알게 됩니다. 모든 감각과 지각은 나타났다 사라지지만, 우리의 참된 자기, 아는 **현존**은 언제나 남아 있습니다. 따라서 이 늘 현존하는 '나'는 감각이나 지각과 같이 간헐적으로 나타나는 대상으로 이루어질 수 없습니다.

∙ ∙ ∙

우리 대다수가 자기 자신으로 여기는 마음은 어떨까요? 마음은 생각과 이미지로 이루어져 있습니다. 사실, '마음'이라는 것—즉, 모든 생각, 이미지, 기억, 두려움, 희망, 욕망 등을 담고 있는 영구적인 그릇—을 직접 경험한 사람은 아무도 없습니다. 그런 그릇이 있다는 생각 자체가 하나의 관념입니다. 우리는 그와 같은 마음을 알지 못합니다. 우리가 마음처럼 보이는 것에 관해 아는 것은 단지 지금 이 순간의 생각이나 이미지가 전부입니다.

아무 생각이나 떠올려 보세요. 예를 들어, '오늘 저녁에 뭘 먹지?'라고 생각해 보세요. 그 생각은 세계에 대한 지각이나 몸 안의 감각과 비슷한 미묘한 대상으로 나타납니다. 다시 말해, 내 경험의 주체 또는 아는 자는 '나, 마음'이 아닙니다. 세계, 몸, 마음이라는 대상들의 주체 또는 아는 자는 '나, 아는 **현존**'입니다.

자신의 실제 경험에서 몸이 경험의 주체 또는 아는 자인지 스스로 물어보세요. 얼굴이나 손, 발이 뭔가를 알거나 경험할 수 있나요? 얼굴이나 손, 발이 듣고 맛보고 냄새 맡거나, 예를 들어 이 글자들을 볼 수 있나요? 아니면 얼굴, 손과 발은 다른 모든 것과 더불어 알려지거나 경험되나요?

생각이나 이미지는 어떤가요? 생각이나 이미지가 뭔가를 알거나 경험할 수 있나요? 생각이 보거나 이미지가 들을 수 있나요? 생각이 이 글자들을 보거나 이해할 수 있나요, 아니면 우리 자신에게 생각들이 보이거나 이해되는 것인가요?

만약 우리가 자신의 실제 경험만을 진실 혹은 현실의 검증 방법으로 이용하면서 경험에 친밀하게 머무르면, 몸과 마음은 알거나 경험하지 않는다는 사실을 알게 될 것입니다. 그것들은 알려지거나 경험됩니다. 세계를 알아차리는 것은 '나, 몸과 마음'이 아니며, '나, 이 아는 **현존**'이 몸과 마음, 세계를 알아차린다는 것을 분명하게 보세요.

우리의 참된 자기는 본질적으로 몸이나 마음이 아니며, 사실은 몸이나 마음을 알거나 목격하는 '아는 존재 또는 **현존**'이라는 발견은 삶의 관점을 송두리째 바꾸는 깊은 의미를 갖습니다.

• • •

이러한 고찰에서 첫 단계는 자신이 바로 이 '아는 **현존**'임을 발견하고, 몸과 마음, 세계를 알거나 목격하는 것이 바로 이 현존임을 깨닫는 것입니다. 둘째 단계는 자신이 몸이나 마음과 같은 다른 어떤 것이라고 상상하는 대신에, 자각하면서 그 **현존**으로 있는 것입니다. 이러한 탐구의 결과로 우리가 이 목격하는 현존이 되는 것은 아닙니다. 우리는 자신이 언제나 오직 그 **현존**이었음을 알아차리고, 이제는 자각하면서 그 **현존**으로 머무르는 것입니다.

이전에 우리는 자기 자신을 몸과 마음이라 여겼기에, 모든 경험이 이 믿음에 따라 형성되었고 그 믿음에 부합하게 나타났습니다. 이제 우리는 언제나 우리 자신이었던 것을 되찾습니다. 우리는 자각하면서, 목격하는 **현존**으로 있습니다. 우리는 언제나 그 **현존**이지만, 그것은 때로는 가려지고 잊히거나 간과됩니다.

우리의 몸과 마음을 이런 식으로 목격할 때, 아마 처음에는 깨닫지 못하겠지만, 우리는 아는 **현존**으로 있게 되며, 몸과 마음은 이 **현존**에게 나타납니다.

다음에 이어지는 장들에서 우리는 이 목격하는 **현존**의 입장에서, 그 **현존**인 참된 자기의 경험을 탐구할 것입니다. **앎**이 어떻게 친밀한 직접 경험으로 자기를 아는지 탐구할 것입니다.

마음은 이 탐구의 결과를 언어로 설명하겠지만, 실험 자체는 생각에 바탕을 두지 않고, 우리가 자기 자신에 관해 가졌을 관념에 바탕을 두지 않는다는 점이 중요합니다. 이 탐구는 참된 자기에 관한 실제 경험에, 우리의 존재를 아는 단순한 앎에 바탕을 둡니다.

3.
우리의 참된 자기는 위치나 한계가 없습니다

오랜 세월 동안 오직 대상들만을 아는 데(즉, 주의와 관심을 몸과 마음, 세계에만 기울이는 데) 익숙해진 마음에게는 자기 자신을 일종의 미묘한 대상으로 알고 싶은 바람이 계속 남아 있을 수밖에 없습니다. 우리는 이 '아는 **현존**'을 찾으려 하면서, 그것을 우리의 앎이나 경험의 대상으로 삼으려고 할 것입니다.

하지만 만약 우리의 참된 자기는 모든 대상을 '아는 자' 또는 '보는 자'라는 경험적 이해로 다시 돌아오고 또 돌아온다면, 우리의 참된 자기는 대상일 수 없다는 사실이 분명해집니다.

우리의 참된 자기는 현존하며 알지만 대상의 성질이 전혀 없다는 것이 우리의 단순한 경험입니다. 이러한 경험적 이해가 깊어질수록, 우리의 참된 자기를 하나의 대상으로서 찾으려는 시도는 그만큼 줄어듭니다.

우리의 참된 자기를 하나의 대상으로는 알 수 없다고 해서 참된 자기가 알려질 수 없다는 뜻은 아닙니다. 그것은 단순히 대상이 흔히 알려지는 방식으로는, 즉, 주체-객체 관계를 통해서는 알려질 수 없다는 뜻일 뿐입니다.

우리의 참된 자기는 더 친밀하고 직접적인 방식으로, 단순히 있음을 통해 알려집니다. 사실, 참된 자기를 아는 유일한 길은 참된 자기로 있는 것이며, 참된 자기를 어떤 종류의 대상으로 착각하는 것이 아님을 우리는 알게 됩니다.

만약 누가 우리에게 주의를 몸 안의 감각, 마음속의 생각이나 이미지, 또는 세계의 어떤 대상으로 돌려 보라고 말한다면, 우리는 어려움 없이 그렇게 할 것입니다. 우리의 주의를 이 글자들로 어려움 없이 돌리는 것처럼 말입니다.

그러나 만약 우리의 주의를 참된 자기로, 몸과 마음과 세계라는 대상을 아는 '아는 **현존**'으로 돌려 보라고 말한다면 어떨까요? 그렇게 해 보세요. 예를 들어, 당신의 주의를 무엇이든 이 글자들을 보고 있는 것 쪽으로 돌려 보세요. 어떤 사람들은 눈이나 머리 주위의 감각으로 주의를 돌리려 할지 모릅니다. 하지만 눈이나 머리는 우리에게 알려지는 감각이라는 것을 알아차리세요.

이 감각을 알면서도 이 감각은 아닌 '무엇' 쪽으로 다시 주의를 돌려 보세요. 어느 방향으로 돌려야 할까요? 어느 방향으로 돌리든 우리의 주의는 언제나 (덜 미묘하든 더 미묘하든) 어떤 종류의 대상을 향한다는 사실을 알아차려 보세요.

우리의 주의를 대상으로부터 가져와 그 대상들을 알거나 경험하는 '무엇' 쪽으로 돌리려고 해 보면, 우리는 언제나 좌절하게 됩니다. 모든 방향이 잘못된 방향임이 밝혀집니다. 그것은 마치 일어서서 자기의 몸을 향해 걸음을 떼려고 애쓰는 것과 같습니다. 모든 걸음이 잘못된 방향입니다. 하지만 동시에, 어떤 걸음도 우리를 더 멀리 데려가지 못합니다.

어느 순간, 몸속이나 마음속에 있는 대상 가운데서 자기 자신을 찾으려는 시도가 저절로 사라질 수 있습니다. 이렇게 사라질 때, 추구하는 마음이 잠시 멈추고, 그 순간(그것은 사실 시간이 없는 순간입니다) 우리는 있는 그대로의 참된 자기를, 생각이 덧씌워 놓은 어떤 믿음이나 느낌에 조건 지어지지 않은 순수한 '아는 **현존**'을 잠깐 보거나 맛봅니다.

이 경험은 생각이나 이미지, 감각이나 지각의 형태로 오지 않는 투명한 경험 또는 비(非)대상적인 경험입니다. 그렇지만 몸과 마음이 다시 나타날 때는 새로운 종류의 앎으로 가득해 보일 때가 많을 것이며, 그 앎은 친밀하고 친숙하면서도 동시에 알지 못하는 방향에서 나올 것입니다.

마음과 몸은 이 투명한 경험을 통해 일시적이긴 하지만 실제로 변형되며, 그로 인해 당황하거나 때로는 두려워할 수도 있습니다. 그렇지만 마음은 이 투명하고 시간 없는 경험 동안 현존하지 않았기에 경험 자체를 기억할 수 없습니다. 기억할 만한 객관적인 대상이 전혀 없기 때문입니다. 그래서 마음은 대체로 이 투명한 경험을 대수롭지 않거나 심지어 존재하지 않는 것으로 치부한 뒤, 다시 이런저런 형태의 대상에 관심을 기울이는 평소의 생활로 돌아옵니다.

하지만 우리의 참된 본성으로 녹아들어 간 이 경험은 우리 안에 잔여물을 남깁니다. 그 경험은 완전히 잊히지는 않으며, 대개 우리의 과거에, 주로 어린 시절에 한때 있었던 뭔가를 그리워하는 마음 같은 것으로 수십 년 동안 남아 있습니다. 그러다가 고요한 순간에, 또는 우리 삶의 정상적인 흐름이 가로막힐 때, 우리는 그 경험을 깊이 갈망하게 됩니다.

사실, 그 경험은 우리의 과거에 존재했던 것이 아닙니다. 그것은 우리의 참된 자기 안에 현존합니다. 그것은 우리의 참된 자기이며, 처음 잠시 만났던 그때 그대로 지금 현존하며 이용할 수 있습니다.

이 새롭지만 묘하게 친숙한 경험을 곰곰이 생각하면서 계속 이 경험으로 돌아오면, 우리는 참된 자기를 공간에 위치한 하나의 대상으로는 찾을 수 없다는(참된 자기는 자기를 찾을 수 없습니다) 비범하면서도 심오한 깨달음에 도달합니다. 우리는 모든 대상과 장소를 알아차리지만, 우리의 참된 자기는 하나의 대상이 아니며, 참된 자기를 어떤 특정한 장소에 위치해 있는 것으로는 실제 경험할 수 없다는 사실을 발견합니다.

우리가 우리 존재를 직접 아는 단순한 앎(자기가 자기를 아는 앎)에 가까이 머무르면, 우리의 참된 자기가 어디에 위치해 있는지를 전혀 알지 못한다는 사실을 발견합니다.

먼저 우리의 참된 자기, 아는 **현존**을 몸과 동일시한 뒤 우리가 그 안에 위치해 있다고 상상하는 것은 단지 하나의 생각일 뿐입니다. 이 생각은 아는 **현존**인 우리의 참된 본성 위에 덧씌워진 것이지만, 아는 **현존**이 실제로 있는 위치는 결코 발견하지 못합니다. 생각은 우리의 참된 자기를 몸과 동일시하면서, 아는 **현존**인 우리가 몸이 가지고 있는 성질들과 그에 따른 한계들을 공유한다고 여깁니다.

・・・

아는 **현존**인 참된 자기에게서 어떤 한계를 발견할 수 있나요? 마음은 한계들을 상상할 수 있겠지만, 우리가 실제로 어떤 한계를 경험하나요? 무엇이 알려지거나 경험되든 그것을 알거나 경험하는 것은 우리의 참된 자기, 아는 **현존**입니다. 그러니 이 질문은 우리의 참된 자기인 아는 **현존**이 제한되는 경험을 한 적이 있느냐고 바꿔 물어볼 수 있습니다.

우선, 마음이 우리의 참된 자기에게 덧씌우는 상상 속 한계들은 너무나 명백한 진실처럼 보여 우리의 실제 경험을 가립니다. 하지만 만약 우리가 이러한 믿음들을 한쪽으로 치우고, 이 아는 **현존**인 참된 자기의 한계를 실제로 경험한 적이 있는지 탐구해 보면, 우리는 그런 경험을 한 적이 전혀 없다는 사실을 깨닫습니다.

마음이 제시하는 모든 한계는 결국 일종의 대상에 불과합니다. 마음은 우리의 참된 자기가 하나의 몸이라고 주장하고, 이런 최초의 억측을 한 뒤, 참된 자기에게 모습, 나이, 개인사, 미래, 무게, 피부색, 국적, 성별, 체격이 있다고 주장합니다.

그렇지만 이 모든 특징은 몸의 속성이지 참된 자기의 속성은 아닙니다. 그것들은 참된 자기에 의해 알려지지만, 참된 자기에 속하지는 않습니다. 스크린 위에 나타나는 영상이 스크린을 제한할 수 없듯이, 그것들은 우리의 참된 자기를 제한하지 못합니다.

우리가 이런 식으로, 참된 자기를 실제로 제한하는 속성이 있는지 늘 찾아보면서, 계속 참된 자기로 다시 돌아오면, 참된 자기는 자기 안에서 어떤 한계도 경험한 적이 없다는 사실이 분명해집니다. 사실, 아는 **현존**은 언제나 자기에게 한계가 없음을 경험하지만, 이 경험은 대개 마음이 그 위에 덧씌우는 믿음들에 가려집니다.

우리는 생각하는 데에 너무나 익숙해지고, 더 중요한 점인데, 우리의 존재가 몸의 한계를 공유한다는 '느낌'에 너무나 익숙해진 나머지, 이제 그것을 당연하게 여깁니다. 그 뒤, 우리의 생각, 감정, 행위와 관계는 전부는 아니라도 대부분 이러한 근본적인 억측을 표현합니다.

우리 참된 자기의 무한한 본성의 발견은, 모든 이해가 실제로 일어날 때는 그러하듯이, 언제나 갑작스럽게 일어납니다. 사실, 그 발견에는 시간이 없습니다. 왜냐하면 마음은 참된 자기가 자기를 경험할 때 그 경험에 참여하지 않기 때문입니다. 마음이 없으면 시간도 없습니다. 하지만 그런 발견이 항상 즉각적인 것은 아닙니다. 이러한 이해에 도달하려면 우리 경험을 숙고하고 세심하게 살펴보는 기간이 필요하기 때문입니다.

이런 깨달음은 우리의 삶에 극적이고 즉각적인 영향을 미칠 수 있습니다. 마음은 꽤 혼란스러워할지도 모릅니다. 왜냐하면 마음의 믿음 체계는 설득력을 잃은 것 같은데, 아직 경험에 대한 새로운 해석으로 대체되지 않았기 때문입니다. 하지만 이러한 경험적인 이해는 거의 의식되지 못하는 채 한동안 지속될 수 있으며, 그럴 때 마음은 새롭게 발견된 참된 자기의 경험에 점차 익숙해질 것입니다.

어느 쪽이든 이러한 경험적 이해가 탐구되고 그 의미가 우리 삶에 스며들면, 그것은 우리가 할 수 있는 가장 위대한 발견이라는 것을 알게 될 것입니다. 그것은 거의 모든 사람의 삶의 핵심에 놓여 있는 딜레마, 즉 평화와 행복, 사랑에 대한 거의 끊임없는 추구를 해소하는 열쇠입니다.

4.
우리의 본질적인 존재를 잊어버림

우리는 자신의 존재를 있는 그대로 아는 단순한 앎을 간과하고, 참된 자기가 몸과 마음 안에 있으며 몸과 마음으로서 존재한다고 상상해 왔습니다. 그래서 우리의 참된 자기인 '아는 **현존**'이 생각, 감정, 이미지, 감각의 속성을 공유한다고 믿게 되었습니다.

우리는 자신이 생각과 감정, 이미지와 감각을 '아는' 자임을 잊어버리고, 자신이 실제로 그 생각과 감정, 이미지와 감각이라고 믿을 뿐만 아니라, 무엇보다도 그렇다고 '느끼기'까지 합니다.

슬픈 감정이 나타나면, 내가 슬프다고 느낍니다. 거울에 비친 자기 얼굴이 나이 들어 보이면, 내가 나이 들었다고 생각합니다. 생각이 우리에게 마흔 살이라고 말하면, 내가 마흔 살이라고 생각합니다. 불안해하는 생각이 나타나면, 내가 불안해한다고 느낍니다. 배고픈 느낌이 나타나면, 내가 배고프다고 느낍니다. 학교에서 시험 성적이 좋지 않으면 내가 실패했다고 느끼고. 성적이 좋으면 내가 성공했다고 느낍니다. 주변에 친구들이 없으면, 내가 외롭다고 느낍니다. 몸이 아프거나 죽어 가고 있으면, 내가 아프고 죽어 가고 있다고 느낍니다. 현재 상황에 저항하고 그 상황을 더 낫게 바꾸려는 욕망이 있으면, 내가 행복하지 않다고 느낍니다. 이런 예는 거의 끝없이 계속 이어질 수 있습니다.

간단히 말해, 우리가 자기 자신을 무엇으로 여기는지는 우리의 믿음과 느낌에 깊이 좌우됩니다. 우리는 우리의 존재에 몸과 마음의 제한된 속성들을 덧씌워 왔습니다. 스크린이 그 위에 나타나는 영화의 속성들에 가려지는 것처럼 보이듯이, 우리의 본질적 존재도 몸과 마음의 속성들에 가려지는 것처럼 보입니다.

예를 들어, 영화에 하늘이 나타나면 스크린은 파랗게 변한 것처럼 보이지만, 파랑은 스크린의 본질적 성질이 되지 못합니다. 스크린이 잠시 파랗게 물든 것처럼 보일 뿐입니다. 마찬가지로, 우리의 존재도 몸과 마음의 속성들에 실제로 물든 것 같지만, 그런 것처럼 보일 뿐입니다.

스크린은 사실 아무 색깔이 없으며, 스크린이 실제로는 어떤 색깔이 되지 않으면서 모든 색깔을 띨 수 있는 까닭은 바로 이 색깔 없음 때문입니다. 마찬가지로, 우리의 본질적 존재는 대상이 없고 투명하고 열려 있고 텅 비어 있는 '아는 **현존**'이며(그것은 몸, 마음에 속하는 객관적 속성[4]이 전혀 없습니다), 우리가 실제로 생각이나 감정, 지각이 되지 않으면서

---

4 몸의 형태와 크기, 마음의 생각과 감정 등 우리에게 지각될 수 있는 것. -옮긴이

모든 범위의 생각과 감정, 지각을 경험할 수 있는 것은 이 때문입니다.

모든 생각과 감정, 지각은 본래 우리 본성의 빛으로 빛납니다. 모든 영상(이미지)이 스크린의 빛으로 빛나듯, 모든 생각과 감정, 지각은 그들의 특성과 상관없이 우리 본성의 빛에 의해 비추어지고 알려집니다. 영화가 시작하면 우리는 스크린을 잊고 영화에만 주의를 기울입니다. 사실, 스크린은 영상이 된 것처럼 보입니다. 이것이 우리의 본질적 존재에게 일어나는 일입니다. 우리의 존재는 생각과 감정, 이미지로 채워져 그것들과 구별되지 않는 것처럼 보입니다.

우리의 참된 자기가 생각, 감정, 이미지, 감각의 집합과 뒤섞인 상태가 우리 안에 뿌리내렸고, 우리의 문화와 교육이 이런 상태를 매우 조장했습니다. 그래서 이제는 우리 자신을 그런 생각, 감정, 이미지와 감각의 콜라주[5]로 생각하며, 무엇보다도, 그렇게 느끼는 것이 일상적인 상태가 되었습니다.

우리는 순수한 아는 존재라는 우리의 본질적 정체성을 잊었고, 그 정체성을 몸과 마음을 규정하는 특징, 속성과 혼동하게 되었습니다. 대다수 사람은 거의 언제나 이 기억상실 상태로 살아가며, 그들의 삶은 이 단순한 망각의 반영입니다.

· · ·

---

[5] 화면에 여러 가지 물건을 붙여서 구성하는 콜라주 기법으로 제작된 작품.—옮긴이

이것을 잊은 자는 누구일까요? 우리의 참된 자기는 언제나 그 자신일 뿐이며, 지금 있을 수도 있고 없을 수도 있는 어떤 생각보다 앞서 있으며, 그 생각과 관계없이 존재합니다. 앎은 우리의 참된 자기가 켜거나 끄는 속성이 아닙니다. 앎은 참된 자기의 본성입니다. 앎은 언제나 현존하고 알며, 그러므로 당연히 자기 자신을 늘 압니다.

이 자기-앎, 즉 자기를 아는 앎은 생각이나 감정이 나타날 때 가려질 수도 있지만, 그로 인해 없어지지는 않습니다. 영상이 나타나면 스크린이 가려지는 것처럼 보여도 정말로 가려질 수는 없는 것과 마찬가지입니다.

우리의 본질적 존재가 잊히거나 가려진 결과로 우리 자신이 된 것처럼 보이는 자아는 상상 속에만 존재하는 자아입니다. 우리의 참된 자기를 몸과 마음이라는 대상과 배타적으로 연관시킨[6] 것은 어떤 독립체나 자아가 아니라, 실제로는 하나의 '생각'일 뿐입니다.

이 생각은 몸과 마음의 특성을 우리의 본질적 존재와 동일시한 뒤, 그것들을 짜맞추어 몸 안에 있는 하나의 분리되고 독립된 개체나 자아가 되는 것처럼 보이게 합니다. 이 생각은 우리의 본질적 존재 안에, 본질적 존재로 현존하는 **앎**을 몸과 마음의 제한된 속성들과 뒤섞어, 몸과 마음 안에서 살아가는 하나의 제한되고 분리된 가상의 자아를 만들어 냅니다.

---

6 '참된 자기를 몸과 마음에 배타적으로 연관시켰다'는 말은 무한한 참된 자기를 자신의 몸과 마음에만 국한되는 것으로 믿게 되었다는 말이다. 참된 자기가 무엇인지를 깨닫기 전에는 그렇게 믿는 상태에서 벗어나기 어렵다. -옮긴이

이들 둘, 앎(우리의 참된 자기) 그리고 몸과 마음의 제한된 속성들은 하나의 개체, 하나의 자아가 된 것처럼 보입니다. 하지만 겉보기에 분리되어 있고 몸 안에 있는 듯한 이 자아는 단지 그렇게 생각하는 생각으로 이루어질 뿐입니다.

그것은 마치 기름과 식초를 섞어서 단일한 물질인 샐러드 드레싱을 만드는 것과 같습니다. 하지만 샐러드 드레싱이 가라앉으면, 기름과 식초는 분리되어 버립니다. 우리는 그것들이 하나의 동일한 물질인 것처럼 보일 뿐이라는 사실을 깨닫습니다. 여기에서 우리의 경험을 면밀히 살펴보고 숙고하면서 탐구하는 것은 이 두 가지 성질(우리 본질적 존재의 본래 성질, 몸과 마음의 모습에 알맞게 속한 성질)을 가라앉히는 것입니다.

이 '나, 분리된 내부의 자아'를 상상한 다음, 생각은 여기에 수많은 다른 속성을 부여하여, 실제로는 부서지기 쉽고 덧없는 생각에 불과한 것을 조밀하고 복잡한 개체인 것처럼 보이도록 완전히 바꾸어 버립니다.

우리의 본질적 자기의 참된 본성을 이렇게 잊어버리는 것은 참된 자기의 경험이 아닙니다. 그것을 잊는 것은 언제나 하나의 생각일 뿐입니다. 우리의 참된 자기(실재하는 참되고 유일한 자기)는 자신의 관점(실재하는 유일한 진짜 관점)에서는 자기 자신을 잊지 않습니다. 그러므로 이 근원적인 '나, 분리된 내부의 자아'라는 생각에 의지하여 이후에 일어나는 모든 생각과 감정은 생각이 우리라고 상상하는 분리된 내부의 자아에게 일어나는 것일 뿐, 우리의 실제 자기에게 일어나는 것이 아닙니다.

모든 심리적 괴로움은 이 '나, 분리된 내부의 자아'라는 생각에서 생겨나며, 그러므로 모든 괴로움은 상상된 자아에게 일어나는 것이지, 언제나 우리 자신인 참되고 유일한 자기에게 일어나는 것이 아님을 나중에 알게 될 것입니다.

우리의 참된 자기는 실제로는 슬프거나 불안하지도, 나이 들지도, 배고프지도, 외롭지도, 아프거나 죽지도 않습니다. 그런 믿음과 감정이 있을 때도 우리의 참된 자기는 그것들에 전혀 영향받지 않습니다. 우리의 참된 자기는 그런 성질들을 아는 자 또는 경험하는 자로서 현존하지만, 그것들로 이루어져 있지는 않습니다.

동시에, 그런 생각이나 감정은 나타날 때마다 우리의 참된 자기와 친밀하게 하나입니다. 마치 스크린 위의 영상이 스크린과 친밀하게 하나인 것과 같습니다. 이런 식으로 우리의 참된 자기는 그 모든 생각과 감정을 아는 자이며(따라서 우리는 본래 독립해 있고 자유롭습니다), 동시에 그것들과 친밀하게 하나입니다. 이러한 경험의 친밀함이 사랑입니다. 모든 참된 친밀함 즉 사랑이 언제나 자유와 결합되는 까닭은 이 때문입니다.

스크린이 실제로는 영상에 전혀 덮이지 않듯이, 우리의 본질적 존재는 실제로는 이러한 생각과 감정에 전혀 가려지지 않습니다. 따라서 우리 존재의 참된 본성은 찾아지는 것이 아니라 알아차려지는 것에 가깝습니다.

우리의 본질적 존재가 몸이나 마음의 겉모습과 배타적으로 섞인 것은 겉보기에 존재하는 듯한 개인의 생각, 감정, 행위와 관계의 대부분을 좌우하는 단일 사건입니다. 하지만 그것은 오래전에 일어나서 이제는 바꿀 수 없게 된 사건이 아닙니다. 그 일은 순간순간 재현되며, 우리 자신이 진실로 누구인지를 알아보기만 하면 언제든 중단될 수 있습니다.

5.
우리의 참된 자기는 태어나지도 죽지도 않습니다

생각을 참조하지 않으면서, 우리 존재의 자기 경험에 가까이 머무르면, 우리의 존재는 자기가 태어나고 자라고 늙거나 죽는 것을 전혀 알지 못한다는 것을 발견합니다. 오직 몸이나 마음 같은 대상만이 나타나고 사라질 수 있으며, 탄생, 성장, 발달, 쇠퇴와 죽음을 겪을 수 있습니다. 우리의 참된 자기인 아는 **현존**은 이런 변화를 알지만 변화를 겪지는 않습니다.

우리의 본질적인 존재를 이런 겉모습과 변화에 배타적으로 연관시킨 생각만이 우리가 이런 성질들을 공유한다는 믿음과 느낌을 일으킵니다. 이러한 믿음과 느낌은 너무나 깊이 뿌리내리고, 우리 존재의 필수적인 부분이 된 것처럼 보입니다. 그래서 우리는 그것들이 실은 믿음과 느낌에 불과하다는 것을 거의 알아차리지 못하고, 그런 믿음과 느낌을 우리 자신에 관해 의심할 여지 없는 절대 진실로 여깁니다. 그러면 이런 믿음과 느낌은 그 후 이어지는 모든 생각과 감정, 대다수 활동과 관계가 의지하는 기초가 됩니다.

그렇지만 먼저 '당신'은 지금 일어나는 생각, 지금 일어나는 감각, 이런 말, 세계의 지각 등을 안다는 사실에 주목하세요. 어제의 생각과 감정을 알던 자도 똑같은 '당신'이 아니었나요? 작년의 생각, 감정, 감각과 지각을 알던 자도, 재작년, 10년 전, 20년 전, 30년 전의 그것들을 알던 자도 똑같은 당신이 아니었던가요? 맨 처음, 어쩌면 자궁 안에서부터, 경험한 감각이나 지각을 알던 자도 똑같은 당신이 아니었던가요?

이것들을 알던 자는 다른 사람이었나요, 아니면 당신, 이 글자들을 보고 있는 바로 이 '당신'이었나요? 지금 당신은 그때 있던 당신과 같은 당신인가요, 아니면 다른 당신인가요? 만약 그때 그 모든 것을 알거나 경험했던 자가 다른 당신이었다면, 이 현재의 당신이 어떻게 그것들을 지금 알거나 기억할까요? 당신이 '나의 첫 학교'라고 말할 때, 당신이 가리키는 그 '나'는 똑같은 '나', 똑같은 자기이며, 지금 일어나는 당신의 생각들이 그에게 일어납니다.

생각, 감정, 감각, 이미지, 기억, 지각은 변하지만, 그것들을 알거나 경험하는 참된 자기는 변하지 않습니다. 우리의 참된 자기가 자기 안에서 일어난 변화를 인지한 적이 있나요? 설령 그런 변화가 일어난다고 해도, 누가 그것을 인지할까요? 우리의 변함없는 자기일 것입니다.

만약 우리 자신이 변한다고 생각한다면, 한때는 다섯 살이다가 다른 때는 스물다섯 살이라고 생각한다면, 다섯 살과 스물다섯 살을 둘 다 알기 위해서는 똑같은 자기가 반드시 현존했어야만 합니다. 변화의 경험을 정당하게 주장하려면, 우리가 먼저 그러한 변화를 아는 '변함없는 아는 자'로 있어야만 합니다.

당신은 몸과 마음, 세계의 변화를 인지하는 자이지만, 참된 자기 안의 변화는 전혀 인지하지 않습니다. 당신은 늘 현존하는, 대상이 없는, 모든 앎과 경험에 친밀하게 스며 있는 '아는 **현존**'입니다. 사실, 당신은 순수한 **앎**으로 이루어져 있습니다. 이런 변화들을 알게 해 주는 앎의 빛인 당신은 언제나 똑같이 남아 있습니다. 마치 영화 스크린은 언제나 똑같은 스크린이며, 그 위에 나타나는 영상들이 겪는 변화를 그 자신은 전혀 겪지 않는 것과 같습니다.

우리의 참된 자기는, 빵이 밀가루로 만들어지듯이 순수한 **앎**으로 만들어진 것은 아닙니다. 우리의 참된 자기가 바로 그 **앎**입니다. 그런데 '우리의 참된 자기'에서 '우리'는 누구일까요? 참된 자기는 하나의 몸이나 마음에 속하지 않습니다. 그것은 그 자신에게 속합니다. 그것은 개인에게 속하는 것이 아닙니다. 몸과 마음은 참된 자기에 속하지만, 참된 자기는 누구에게도, 무엇에도 속하지 않습니다. 그것은 '우리의' 참된 자기가 아니라, 그냥 참된 자기입니다. 아는 **현존**이라는 참된 자기는 친밀하지만 개인에게 속하지 않습니다.

• • •

탄생은 당신이 경험하는 감각과 지각의 연속입니다. 그 '당신'은 어떤 감각이나 지각이 아니며, 모든 감각이나 지각을 압니다. 그런 최초의 감각과 지각들을 경험했던 그 당신은 다섯 살과 스물다섯 살을 경험한 똑같은 당신이며, 지금 이 글자들을 알아차리는 똑같은 당신입니다.

만약 몸이 태어날 때 우리의 참된 자기인 아는 **현존**이 존재하지 않았다면, 우리는 몸이 태어났다고 주장할 수 없을 것입니다. 몸의 탄생을 경험한 참된 자기는 몸과 더불어 태어나지 않았습니다. 그것은 몸이 나타났을 때 '이미' 현존했으며, 그래서 우리는 몸이 나타났다고 말할 수 있습니다. 몸이 태어났을 때 우리 자신이 태어났다고 생각한 뒤 그렇다고 느끼는 까닭은 오직 생각이 우리의 참된 자기인 아는 **현존**을 몸이라고 상상하기 때문입니다.

같은 이유로, 우리는 몸이 죽을 때 우리도 죽을 것이라고 믿습니다. 이런 믿음은 자신이 사라질까 봐 두려워하는 감정의 원인이 되는데, 생각이 우리 자신이라고 상상하는 '분리된 내부 자아'의 핵심에는 이 감정이 있습니다. 그것은 생각이 우리 자신을 몸과 배타적으로 연관시킨 결과로 일어난 첫 번째 감정이며, 알아차리든 알아차리지 못하든, 가상의 분리된 개인의 삶을 좌우하는 지배적인 정서입니다.

몸이 태어났을 때 우리의 본질적 자기가 태어났다는 것이 우리의 실제 경험인가요? 우리는 이 탄생에 수반되는 감각과 경험을 알아차리지 않았나요? 우리는 우리의 본질적 자기, 아는 **현존**이 어머니의 자궁 안에 있는 것을 실제로 경험한 적이 있나요? 아니면, 우리는 자궁 안 태아의 모든 감각을 알아차렸나요?

우리 자신인 아는 **현존**은 지금 방 안에 앉아 있나요, 아니면 감각과 지각이 우리의 참된 자기에게 나타나고 있나요? 그리고 그 자기는 몸이 나타나는 것을 알고, 매일 밤 잠잘 때 몸이 사라지는 것을 알며, 죽을 때 몸이 마지막으로 사라지는 것을 알게 될 자기, 이 글자들을 지금 아는 똑같은 자기가 아닌가요?

몸이 변하고 나이 들 때, 우리도 변하고 나이 들었나요? 영아기, 유아기, 사춘기, 성인기의 모든 모습과 모든 변화를 알던 것은 우리의 참된 자기, 지금 현존하는 바로 이 자기가 아니었나요?

잠자는 동안 몸과 마음이 사라질 때 우리의 참된 자기도 사라지나요? 누가 현존하면서 그런 사라짐을 지켜볼 수 있나요? 그는 반드시 현존하고 알아야만 합니다. 우리의 참된 자기는 자기의 사라짐을 전혀 경험하지 않습니다. 그런 사라짐을 지켜보고 주장할 수 있으려면, 누가 현존해야 할까요? 오직 우리의 참된 자기뿐입니다!

그리고 만약 몸이 죽을 때 우리 자신이 죽는다고 주장한다면, 그 죽음을 알거나 경험하는 자는 누구일까요? 그런 주장을 할 수 있는 것은 우리의 참된 자기뿐 아닐까요? 만약 우리 자신의 죽음이 단지 하나의 믿음이 아니라 실제 경험이라면, 우리는 그렇다는 것을 알기 위해 거기에 있어야 하며, 그 일이 일어났다고 주장하기 위해 그 후에도 남아 있어야만 합니다.

죽음의 경험은 우리가 죽지 않는다는 것을 증명합니다. 변화의 경험 자체가, 변화한다는 것을 아는 '변함없는 아는 자'인 우리의 참된 자기를 증명하는 것과 마찬가지입니다. 그리고 만약 우리의 본질적 존재가 죽음을 '경험'하지 않는다면, 왜 그런 일이 일어난다고 억측할까요?

우리는 우리의 참된 자기가 태어나고 변하고 자라거나 나이 들어가는 것을 전혀 알지 못하며, 죽음을 경험할 수 없다는 것을 분명히 보세요. 또한 아는 **현존**인 우리는 슬프거나 화나거나 근심하거나 우울하거나 불안하거나 질투한 적이 없습니다. 동시에, 그런 감정들이 일어날 때 우리는 그 모든 감정과 친밀하게 하나입니다. 스크린이 모든 영상의 바탕이듯이 우리는 그 모든 감정의 바탕이지만, 우리는 그런 감정들과 본래 무관합니다. 슬픔은 우리의 참된 자기로 이루어지지만, 우리의 참된 자기는 전혀 슬프지 않습니다.

우리가 태어났다는 믿음, 우리가 변하고 자라고 늙어 죽는다는 믿음은 인류 대다수가 그러는 줄 깨닫지도 못한 채 동의하는 하나의 믿음일 뿐입니다. 그것은 우리 문화에서 종교와 같은 것입니다.

태어나고 변하고 자라고 늙어 죽는 것이 우리의 경험이며, 우리의 참된 자기에는 태어남이나 죽음이 없다고 여기는 것은 대개 종교적인 믿음이 필요한 비범한 경험이라고, 우리는 생각합니다. 하지만 사실은 그 반대가 진실입니다. 우리는 본질적인 자기가 태어나고 변하고 자라고 죽는 것을 알지 못하고 경험한 적도 없으면서, 우리 자신이 언젠가는 죽는다는 믿음에는 동의합니다.

물론, 몸과 마음은 나타나고 사라집니다. 그러니 그것들은 태어나고 죽습니다. 그것들이 사라지면 나도 사라질 것이라 생각하고, 무엇보다도 그렇게 '느끼는' 까닭은 생각이 그것들—생각, 감정, 이미지, 기억, 감각, 지각—을 우리의 본질적인 자기와 배타적으로 동일시하기 때문입니다.

우리 자신이 언젠가 죽는다는 이런 믿음은 근본적인 억측이며, 이 억측은 대다수 다른 믿음과 감정, 그에 따른 우리의 행동과 관계가 기초해 있는 토대이며, 모든 심리적 괴로움의 근원입니다.

사라짐이나 죽음에 대한 두려움은 상상 속에만 존재하는 개인의 삶을 지배하는 주요 감정이며, 그 상상속 개인은 우리의 참된 자기를 몸이나 마음과 배타적으로 연관시킨 결과입니다. 슬픔, 분노, 근심, 우울, 결핍감, 심리적 욕구, 불안, 질투 등 대다수 감정은 단지 사라짐이나 죽음에 대한 본질적인 두려움의 변형에 지나지 않습니다.

우리 본질적 존재의 본성을 분명히 알게 되면 이 모든 감정이 점차 말끔히 해소되는 까닭은 바로 이 때문입니다. 그런 감정들이 의지해 있던 믿음이 간파된 것입니다.

6.
우리 존재의 영원하고 무한한 본성

우리의 참된 자기인 아는 **현존**에 한계나 위치가 없음을 경험으로 이해하는 것은 훈련이나 교육이 필요한 어떤 특별한 앎이 아닙니다. 그것은 명백하고 친밀하며, 마음이 무엇을 알든 모르든 그 이전에 모든 사람에게 잘 알려져 있습니다. 그것은 경험으로 아는 앎이며, 마음이 얼마나 지성적인지 그렇지 않은지, 몸이 얼마나 늙었는지 젊은지, 건강한지 아픈지와 무관합니다.

사실, 우리는 다른 어떤 것을 알기 전에(우리의 참된 자기가 마음이나 몸, 세계 등 자기 아닌 다른 것을 아는 것처럼 보이기 전에) 자신의 존재를 알며, 뒤이은 마음의 어떤 지식도 우리를 이 경험적인 앎에 더 가까이 데려다 줄 수 없고, 실제로 더 멀어지게 할 수도 없습니다.

이러한 경험적인 이해를 가리거나 우리를 그 이해에서 멀어지게 하는 것처럼 보이는 것은 (나중에 몸의 수준에서 감정들과 함께 구체화되는)

생각입니다. 대다수 우리는 생각을 지나치게 중시하고 진실이라 믿기에 우리의 존재를 아는 이 단순한 앎을 대수롭지 않게 여깁니다.

하지만 생각이나 기억을 참조하지 않으면, 우리는 참된 자기에게 한계나 윤곽, 모양, 경계, 크기, 피부색, 나이, 역사, 미래, 과거, 운명, 체중, 국적이나 성별이 있는지를 알지 못한다는[7] 것을 분명히 보세요. 어떤 대상, 생각, 감정, 이미지, 감각, 기억이나 지각 같은 것들에만 그런 속성이 있을 수 있습니다. 아는 **현존**인 당신은 이런 속성들을 알지만, 당신에게 그런 속성들이 있는 것은 아닙니다.

객관적인 속성만이 어떤 것을 제한할 수 있으며, 그런 속성이 없는 우리의 참된 자기는 본래 어떠한 한계도 없습니다. 이런 까닭에 우리의 참된 자기는 무한하다고 할 수 있습니다. 우리의 참된 정체성에 관한 이러한 깊은 이해와 단절된 우리 문화는 '무한함'을 공간 속에 무한히 확장된다는 뜻으로 생각하는 경향이 있지만, 사실 그것은 어떤 유한하고 관찰될 수 있는 성질이나 차원이 없다는 뜻이며, 따라서 3차원 공간에 위치하지 않는다는 의미입니다.

• • •

마찬가지로, 우리의 참된 자기는 언제나 현존한다는 것을, 시간 속에 늘 현존하는 것이 아니라, '지금' 늘 현존한다는 것을 알아차리세요. 생각

---

7 우리의 참된 자기에게 한계나 윤곽 등이 있는데 알지 못한다는 뜻이 아니라, 그런 것이 있음을 발견하지 못한다는, 그런 것이 없다는 뜻이다.—옮긴이

을 참조하지 않으면, 우리는 시간을 알지 못합니다.

시간은 두 사건 사이의 기간이며, 우리는 두 사건을 상상할 수는 있지만, 두 사건을 실제로 동시에 경험하지는 않습니다. 예를 들어, 오늘의 아침 식사가 있을 때 어제의 아침 식사는 없습니다. 이 두 사건 사이의 24시간은 실제 경험이 아니라 생각으로 만들어집니다.

생각보다 앞서 있는 우리 존재의 친밀함에는 시간이 없습니다. 사실, 우리의 참된 자기는 생각보다 앞서 있는 것이 아닙니다. 생각이 없다면, 우리의 참된 자기가 존재할 시간이 없습니다. 생각이 있을 때도 시간은 있는 것이 아니지만, 이 경우에는 적어도 시간이라는 환상은 있습니다.

'존재하다(exist)'라는 단어는 라틴어 ex('~에서'라는 뜻)와 라틴어 sistere('서 있다'라는 뜻)에서 나온 단어로 '눈에 띄다'라는 뜻입니다. 어떤 것이 시간 속에서 존재하려면, 그것이 그 안에 존재할 시간이 먼저 현존해야 합니다. 방이라는 공간이 먼저 현존해야만 대상들이 그 안에 나타날 수 있는 것과 같습니다.

그렇지만 우리는 참된 자기보다 앞서 있는 것은 전혀 경험하지 못합니다. 그런 경험을 하려면 무언가가 현존해야만 하며, 그 '무언가'는 현존하면서 동시에 알아야 합니다. 그것은 우리의 참된 자기일 것입니다. 우리의 실제 경험에서 우리의 참된 자기보다 앞서 있는 것은 아무것도 없습니다.

우리의 참된 자기는 지금 늘 현존하며, 우리는 계속 이어지는 지금들을 경험하지 않습니다. 이 현존하는 '지금'은 존재하는 유일한 '지금'입니다. 몸이 그 안에서 태어난 '지금'은 이 단어들이 그 안에서 나타나는 똑같은 '지금'입니다. 그것은 진실로 늘 있는 유일한 '지금'입니다.

이러한 까닭에 우리 자신의 존재는 영원하다고 말할 수 있습니다. 이 말은 우리가 시간 속에서 영원히 존속한다는 뜻이 아닙니다. 그것은 우리가 지금 늘 현존한다는 사실을 가리킵니다. 우리 경험에는 이 '지금'만이 현존할 뿐, 우리의 참된 자기가 그 안에서 존재할 수 있는 시간이란 실제로는 현존하지 않습니다.

우리의 참된 자기는 특정한 시간에 나타나지 않았으며, 특정한 시간에 사라지지도 않을 것입니다. 그 안에서 뭔가 나타나거나 사라질 수 있는 시간은 우리의 실제 경험에는 현존하지 않습니다. 단지 늘 현존하는 이 '지금'이 있을 뿐이며, 이 '지금'은 시간 속의 한 순간이 아닙니다. 그것은 시간 없는 앎이며, 우리의 참된 본성입니다.

우리 문화는 이런 앎을 잃어버렸기에 '영원한 것'을 '끝없이 지속하는 것'과 같은 것으로 여깁니다. 그러나 이 두 가지는 전혀 다른 영역에 속하며, 하나는 실재하고 하나는 상상 속에만 있습니다. '끝없이 지속되는 것'은 시간과 연관되며, 영구히 지속할 것으로 여겨지는 것을 뜻합니다. '영원한 것'은 시간 없음과 연관되며, 늘 현존하는 '지금'을 가리킵니다. 그것은 삶이 끝없이 지속되는 것이 아닙니다. 그것은 영원한 삶을 가리킵니다.

궁극에는 어떤 말도 우리의 참된 자기를 정확하게 묘사할 수 없습니다. 말은 대상의 성질만 묘사할 수 있기 때문입니다. 그렇지만 말이 진실로 우리의 본성을 경험으로 이해하는 데서 나온다면, 그것은 우리의 본성을 가리키고 깨닫게 하는 힘이 있습니다.

결국 모든 말은 잊혀야 하고, 그런 말이 가리키는 경험, 즉 우리 본질적 존재의 영원히 현존하며 무한한 본성만 남아야 합니다.

7.
현존은 스스로 비춥니다

몸과 마음, 세계의 모든 대상은 우리의 참된 자기에 의해 알려지거나 경험됩니다. 아는 **현존**인 우리의 참된 자기가 없다면, 아무것도 알려지거나 경험되지 않을 것입니다. 모든 경험은 우리의 참된 자기에 의해 알려지거나 비추어집니다.

상대적으로 말해, 모든 대상이 햇빛에 의해 보이게 되듯이, 사실은 모든 경험이 우리의 참된 자기의 빛에 의해 알려지게 됩니다. 우리의 참된 자기는 모든 경험을 앎의 빛으로 비춥니다. 이 앎은 우리의 참된 자기 안에 내재해 있으며 참된 자기와 분리될 수 없습니다. 그것이 바로 우리의 참된 자기입니다.

모든 경험은 그것을 아는 앎과 분리될 수 없습니다. 즉, 참된 자기의 빛과 분리될 수 없습니다. 모든 대상이 햇빛으로 빛나듯이, 알려지거나 경험되는 모든 것은 참된 자기의 빛으로 빛납니다. 어떤 경험은 우리에게 그 대상의 성질들을 알려 주기 전에, 먼저 그것을 알게 해 주는 현존의 빛이 있음을 드러냅니다. 햇빛이 모든 대상에서 빛나듯이, 그 빛은 모든 경험에서 빛나고 있습니다.

겉으로 드러난 모든 것을 알게 해 주는 것은 우리 참된 자기의 빛인데, 참된 자기를 알게 해 주는 것은 무엇일까요? 우리의 존재가 확실함을 알게 해 주는 것은 어떤 빛일까요?

몸과 마음, 세계는 우리 참된 자기의 빛으로 알려지지만, 우리의 참된 자기는 자기의 빛이 아닌 다른 빛으로 알려지지 않습니다. 따라서 우리의 참된 자기는 자신의 빛으로 자기를 안다는 것이 우리의 경험입니다. 우리의 존재는 자기의 빛으로 비춥니다. 그것은 자기 아닌 다른 것으로 인해 알려지지 않습니다. 그것은 자기에 의해, 자기를 통해서만 자기를 압니다. 그것은 자기를 아는 데 몸이나 마음이 필요하지 않습니다. 그것은 스스로 알고, 스스로 비추며, 스스로 명백합니다.

• • •

사실, 우리는 대상들을 실제로 알거나 경험하지는 못합니다. 단지 대상들에 관해 알거나 경험하는 것을 알 뿐입니다. 그 앎의 경험이 우리가 대상들이나 세계에 관해 아는 전부입니다. 그리고 우리가 겉으로 드러난 대상들이나 세계를 알게 해 주는 앎은 우리의 참된 자기에서 나옵니다. 그 앎이 바로 우리의 참된 자기입니다. 어떤 대상에 대한 앎이나 경험 가운데 빛나는 것은 우리의 참된 자기인 아는 **현존**의 빛입니다.

겉으로 드러난 대상을 바라볼 때 우리는 하나의 대상을 보는 것 같지만, 실제로 보이는 모든 것은 그것을 비추거나 아는 우리의 아는 **현존**이 반사된 빛입니다. 겉으로 드러난 모든 대상은 우리 존재의 반사된 빛으로 빛납니다.

사실, 우리는 대상들을 알지 못합니다. 그저 앎을 알 뿐입니다. 그러면 앎을 아는 자는 누구일까요? 앎은 그 자신이 아닌 외부의 어떤 것이나 어떤 사람에 의해 알려지지 않습니다. 앎은 앎에 의해 알려집니다. 대상이나 타인, 세계에 대한 경험에서 경험되는 모든 것은 앎입니다.

이 앎이 바로 우리의 참된 자기인 아는 **현존**입니다. 경험되는 모든 것은 그 자신을 아는 우리의 참된 자기, 앎을 아는 **앎**입니다.

앎이 자기를 아는 이 경험에는 다름, 거리, 분리가 들어설 여지가 없습니다. 동시에 그것은 우리 존재의 순수한 친밀함으로 이루어집니다. 이 완전한 친밀함과 다름 없음이 사랑의 경험입니다. 모든 것, 겉으로 보이는 모든 것은 오직 사랑으로만 이루어집니다.

• • •

우리 존재의 빛을 잊으면, 우리는 물체인 대상을 본다고 생각합니다.

하지만 참된 자기를 기억하는 순간(우리의 참된 자기가 '나, 분리된 내부의 자아'라는 생각에 더는 가려진 것처럼 보이지 않는 순간), 우리는 실제로 알려지는 것은 우리 존재의 빛이 다양하게 변조된 모습일 뿐이라는 것을 깨닫습니다. 마치 우리가 나무와 산에서 보는 것이 실제로는 태양의 변조된 빛인 것과 같습니다. 우리 존재의 빛은 늘 현존하는 자기를 압니다.

우리 존재의 빛이 아닌 다른 것들을 아는 것처럼 보이게 만드는 것은 오직 생각의 작용일 뿐입니다. 나무나 언덕, 산이 태양의 빛 아닌 것처럼 보이는 것도 생각의 작용인 것과 같습니다. 마찬가지로, 우리의 참된 자기가 몸과 마음인 것처럼 보이는 것도 생각의 작용 **때문**입니다. 사실, 몸과 마음은 우리의 아는 **현존**인 앎의 빛이 변조된 모습입니다.

우리는 흔히 마음이 대상들을 안다고 생각합니다. 그렇지만 마음은 알려지는 것이며, 스스로 알지는 못합니다. 마음은 대상들을 아는 것처럼 보이지만, 이는 마치 달이 어두운 밤에 대상들을 비추는 것처럼 보이는 것과 같습니다. 사실, 어두운 밤에 달이 대상들을 비추는 빛은 태양에서 반사된 빛입니다. 마찬가지로, 마음이 대상들을 아는 것처럼 보이지만, 마음이 어떤 것을 아는 것처럼 보이게 해 주는 빛 또는 앎은 우리의 아는 존재에서 나옵니다.

자연에서 나무나 산 같은 대상을 볼 때 우리가 실제로 보는 것은 모두, 상대적으로 말해, 태양 빛의 변조된 모습일 뿐입니다. 우리가 태양의 현존을 잊어버리면 대상을 보는 것 같겠지만, 태양을 기억하자마자 실제로는 태양 빛이 변조된 모습만을 본다는 사실을 깨닫게 됩니다.

마찬가지로, 실제로는 우리가 정말로 아는 모든 것은 앎이며, 그 앎이 바로 우리의 참된 자기입니다. 우리가 참된 자기의 현존을 잊어버릴 때, 더 정확히 말하면, 참된 자기가 겉보기에 '나, 분리된 내부의 자아'라는 생각에 가려지거나 흐려지면, 분리된 대상들과 타인들, 세계는 자신만의 독자적인 존재를 얻는 것처럼 보이고, 스스로 실재하는 것처럼 보입니다.

하지만 우리의 참된 자기를 기억하는 순간, 모든 대상성과 타자성은 사라지고, 모든 경험은 오직 아는 **현존**의 빛일 뿐임이 밝혀집니다. 그것은 스스로 빛나고, 스스로 알고, 스스로 명백하며, 스스로 비춥니다.

밤에는 태양을 볼 수 없지만, 우리가 보는 모든 것은 먼저 달에 반사된 뒤 대상들에 반사되는 태양의 빛입니다. 이와 같이 밤의 모든 대상은 무엇보다 먼저 태양에 관해 우리에게 말해 줍니다. 그것들은 태양의 현존을 알려 줍니다. 마찬가지로, 우리가 자신의 존재를 '볼' 수는 없지만, 모든 경험 가운데 우리가 늘 아는 것은 참된 자기의 빛입니다. 참된 자기는 오직 그 자신만을 압니다.

모든 경험은 무엇보다 먼저 **앎**의 현존, 우리 존재의 빛을 알려 줍니다. 다른 모든 지식은 상대적인 지식일 뿐입니다. 우리 자신의 존재를 아는 것, 그것이 자기 자신을 아는 것이야말로 우리가 아는 유일하고 절대적이며 참된 앎입니다. 그것이 참으로 알려지는 모든 것입니다.

모든 대상이 태양을 환히 드러냅니다. 모든 경험이 우리의 참된 자기, 아는 **현존**을 환히 드러냅니다.

수피(이슬람의 신비가)들이 말하듯이, "눈길 닿는 곳마다 신의 얼굴이 있습니다."

8.
참된 자기만 있습니다

우리 자신의 존재는 활짝 열려 있고, 텅 비어 있고, 투명한 **현존**과 같습니다.

주의는 항상 대상—생각이나 감정, 감각, 지각—을 향합니다. 우리의 참된 자기 안에는 우리의 주의를 향하게 할 만한 대상이 전혀 없습니다. 향할 방향을 모두 잃어버리면, 주의는 우리의 참된 자기인 아는 **현존**으로서 드러납니다.

처음에는 주의를 참된 자기를 향해 돌리려고 해 보겠지만, 우리가 발견하는 것은 아무리 미묘하더라도 또 다른 대상일 뿐입니다. 우리의 주의를, 그러므로 우리의 정체성을 어떤 대상—생각이나 감정, 감각, 지각—에 기울이는 행위를 멈추는 것으로 충분합니다.

대상들을 없앨 필요는 없습니다. 단지 우리의 주의를, 무엇보다 우리의 정체성을 대상들에 기울이는 행위를 멈추기만 하면 됩니다. 그러다 보면 어느 순간 우리의 본성은 생각이나 감정, 감각, 지각이 아니라는 것이 명백해집니다. 그러면 우리의 참된 자기로 돌아가게 됩니다.

그와 동시에, 어떤 생각이나 감정, 감각, 지각도 우리를 이미 우리 자신인 것이 아닌 다른 것이 되게 만들 수 없다는 것이 분명해집니다. 그래서 현재 상황에 실용적으로 반응하는 데 필요하지 않은 한, 겉으로 보이는 대상들에 관여할 필요가 없어집니다.

생각이나 감정, 감각, 지각에 대한 관여를 줄이다 보면, 처음에는 알아차리지 못해도, 우리를 지배하는 그것들의 힘이 점차 줄어듭니다. 우리의 존재는 생각으로 인해 뒤얽혔던, 생각, 감정, 감각, 지각의 매트릭스에서 점차 풀려나며, 그 결과 언제나 본래 있는 그대로 드러나게 됩니다.

분리된 자아와 참된 자기라는 두 개의 자기가 있는 것이 아닙니다. 참된 자기만이 언제나 유일한 자기입니다. 비록 참된 자기가 생각, 감정, 감각, 지각에 너무나 얽힌 나머지, 마치 다른 종류의 자아—한정되고, 분리되고, 특정 위치에 있고, 내부에 있는 자아—인 것처럼 보일지라도 말입니다. 그런 한정된 자아는 없습니다. 영화가 시작되더라도 스크린이 풍경이 되는 것은 아니듯이, 앎이라는 우리의 참된 자기는 분리된 자아가 되지 않습니다. 몸과 마음이라는 대상들에 주의와 정체성을 기울이는 행위를 멈출수록, 우리의 존재는 그런 부가물에서 점점 벗어납니다.

우리가 주의를 기울이는 것은 무엇이든 번성합니다. 우리가 주의를 기울이는 것은 무엇이든 우리의 현실이 됩니다. 아는 **현존**인 우리의 참된 자기에게 주의를 기울일수록, 주의는 그 방향과 초점, 긴장에서 벗어나 **현존** 자체로 드러납니다.

찾으려던 자는 찾고 있는 자임이 드러납니다.

· · ·

이렇게 우리의 참된 자기로 돌아오다 보면, '나, 분리된 내부의 자아'라는 생각의 결과로 나타난 몸과 마음의 많은 수축과 긴장이 해소됩니다. 이러한 이완이 그 자체로 우리 참된 자기의 경험인 것은 아닙니다. 그것은 몸과 마음 수준에서의 부수 효과입니다.

평소에 몸과 마음은 긴장되고 수축된 상태로 존재하는데, 그 상태는 '나, 분리된 내부의 자아'라는 생각의 표현입니다. 그렇지만 우리는 이런 긴장과 수축 상태에 너무나 익숙해져 버렸기에 그런 상태로 인식하지 않으며, 정상 상태로 보일 뿐입니다. 마치 주먹을 너무나 오랫동안 방어 자세로 꽉 쥐고 있다 보면, 그 상태를 자각하지 못한 채 완전히 편안하다고 느끼듯이, 우리의 몸과 마음은 '나, 분리된 내부의 자아'라는 생각으로 잔뜩 긴장되고 수축되어 있지만, 우리는 이를 알아차리지 못합니다.

우리의 참된 자기로 돌아오다 보면, 해방이 일어나면서 몸과 마음에 이완의 물결들이 퍼져 나가고, 이런 긴장과 수축이 해소되며, 마음 상태가 더 가벼워지고 넓어집니다. 이 과정은 어떤 경우에는 매우 강력해서, 특이한 몸동작이 일어나기도 하고 울음이나 웃음이 나오기도 합니다. 다른 경우에는 더 부드러울 수 있습니다.

어떤 경우든 이렇게 더 가볍고 넓어진 마음 상태가 평소 상태가 되면, 긴장되고 수축된 상태를 느끼지 않게 됩니다. 이전에는 그렇게 이완된 상태가, 긴장되고 수축된 습관적인 상태와 대비되어 예외적인 상태로 느껴졌습니다. 이제는 그것이 우리의 평소 상태가 되었습니다.

이렇게 풀려나면 우리의 참된 자기는 열려 있고 텅 비어 있고 투명한 **현존**이라는 자연 상태로 돌아옵니다. 그리고 그 안에 본래 있는 평화와 행복이 몸과 마음, 세계의 모든 겉모습을 통해 퍼져 나오기 시작합니다. 몸과 마음은 열려 있음, 비어 있음, 투명함이라는 속성을 표출하기 시작하며, 세계조차 참된 자기와의 친밀함을 반영하여 선의를 표출하기 시작합니다.

그러나 분리된 내부의 자아라는 느낌과 믿음은 끝이 나더라도, 이 깨달음이 몸과 마음, 세계라는 겉모습에 끼치는 영향은 끝이 없습니다. 그것은 끝없이 이어지는 드러남의 여정입니다.

2부

평화와 행복, 사랑의 본성

9.
우리의 본질적 존재는 평화 자체입니다

우리의 본질적인 자기는 늘 현존하는 존재 혹은 아는 **현존**입니다. 그것은 우리의 생각, 감정, 이미지, 기억, 감각과 지각을 알거나 경험하지만, 그 자신은 생각, 감정, 감각 등으로 이루어진 것이 아닙니다. 이런 까닭에 그것은 '비어 있다'고 묘사될 수 있지만, 대상들의 존재에 비해 상대적으로 비어 있을 뿐입니다. 실제로는 **현존**과 **앎**으로 가득합니다.

우리의 존재는 당신의 몸이 지금 앉아 있는 방의 공간처럼 열려 있는 텅 빈 공간에 비유할 수 있습니다. 그런 공간은 그 안에서 나타나는 대상이나 활동에 저항하지 않습니다. 사실, 공간은 그 안에 나타나는 어떤 모습에도 저항하거나 부정할 메커니즘이 전혀 없습니다. 그런 저항이 무엇으로 만들어질 수 있을까요? 그것은 비어 있는 공간이 아닌, 대상으로 만들어져야 할 것입니다.

방의 공간은 그것을 둘러싼 벽에 의해 정의되고 제한되는 것처럼 보이지만, 그 벽이 세워지기 전에도 방의 공간은 정확히 지금과 똑같았고, 벽이 허물어진 뒤에도 그대로 남아 있을 것입니다. 겉으로 드러난 공간의 모양과 속성들은 벽과 가구, 그 안에서 일어나는 활동에 의해 그 위에 덧씌워진 것이지만, 공간이 실제로 그러한 성질을 가진 적은 단 한 번도 없습니다. 그저 그렇게 보일 뿐입니다.

우리 존재도 그와 같습니다. 그것은 몸과 마음의 속성들을 가진 것처럼 보이지만, 실제로는 가지고 있지 않습니다. 몸과 마음이 나타나기 전에도 우리의 참된 자기는 정확히 지금 있는 이대로였고, 몸과 마음이 죽을 때도 지금 있는 이대로일 것입니다. 하지만 그 과거와 미래는 바로 이 지금입니다. 오직 지금만 있습니다.

• • •

우리의 참된 자기는 마치 열려 있는 텅 빈 공간, 아는 공간과 같습니다. 그것은 방의 공간처럼 본래 저항이 없습니다. 사실, 우리의 참된 자기는 '저항'이라는 말의 뜻도 알지 못합니다. 그것은 모든 나타나는 모습에 활짝 열린 '예스(Yes)'입니다. 방의 빈 공간이 그렇듯이, 우리의 참된 자기는 본래 그 안에 나타나는 대상이나 활동—생각, 감정, 감각, 지각—에 영향받지 않지만, 동시에 그 모든 것을 선호하거나 차별하지 않고 허용합니다.

생각, 감각, 지각은 동요되거나 고요해질 수 있지만, 그것들을 알거나 경험하는 '아는 **현존**'인 우리 자신은 그들의 속성을 공유하지 않습니다. 우리는 몸이나 마음, 세계의 어떤 모습에도 동요될 수 없는 텅 비고 아는 공간입니다. 마치 방의 공간이 그 안에서 일어나거나 일어나지 않을 어떤 일로 동요될 수 없는 것과 같습니다.

우리의 참된 자기는 모든 동요를 목격하지만, 그 자신은 동요될 수 없습니다. 이러한 저항이나 동요의 부재를 평화의 경험이라고 합니다. 우리 자신은 본래 평화롭습니다. 우리 본연의 평화는 몸, 마음, 세계라는 겉모습의 성질이나 조건에 좌우되지 않습니다. 평화는 우리 참된 자기의 성질이나 속성이 아닙니다. 평화가 바로 우리의 참된 자기입니다. 마치 허공의 본래 평화로운 성질이 허공과 분리될 수 없듯이, 평화는 우리의 참된 자기와 분리될 수 없습니다, 우리가 바로 평화 자체입니다.

몸, 마음, 세계의 평화로운 상태는 오고 갈 수 있지만(고요함과 동요됨이 서로 뒤따르는 순환은 몸과 마음, 세계의 본질적인 것입니다), 우리의 참된 자기는 늘 현존하고 본래 평화로운 **현존**이며, 그 모든 상태를 알고 허용하며, 그것들과 친밀하게 하나이지만, 그 무엇에도 전혀 영향받지 않습니다. 우리의 참된 자기는 허공처럼 방해받을 수 없습니다.

이 평화는 늘 현존하며, 모든 생각, 감정, 감각, 지각의 안과 배후에 고요히 앉아서, 매 순간 열려 있고 이용될 수 있는 채로 그저 인식되기만을 기다리고 있습니다. 평화를 갈망할 때마다, 우리가 갈망하는 것은 사실 우리 참된 본성의 평화입니다. 때로는 우리 참된 본성의 평화를 몸이나 마음, 세계의 평화로운 상태로 오인하지만 말입니다. 몸과 마음, 세계의 평화로운 상태는 오래가지 않으며, 우리가 진정으로 바라는 깊은 평화를 가져다주지 못한다는 것을 우리는 압니다. 오직 우리의 참된 본성 안에 본래 있는 평화만이 우리의 수많은 행위와 관계를 시작하고 지속시키는 갈망을 정말로 끝낼 수 있습니다.

평화에 대한 갈망은 그 자체로 우리 참된 본성의 평화인데, '나, 분리된 내부의 자아'라는 생각과 감정에 얇게 가려져 있습니다. 이 갈망이 시간을 벗어날 때, 즉 상상된 자아를 투사할 과거나 미래를 벗어날 때, 그것은 우리의 존재 안에 늘 현존하는 평화, 그저 인식되기를 기다리면서 모든 경험의 한가운데서 고요히 빛나는 평화로 드러납니다.

우리 참된 본성의 평화를 마음이나 몸의 평화로운 상태로 오인하는 것은 우리의 존재를 있는 그대로 아는 단순한 앎에 본래 있는 평화의 실현을 미루는 것에 불과합니다. 그렇지만 어떤 상황에서도 우리의 참된 자기 안에 늘 현존하는 평화와 연결되면, 몸과 마음, 세계가 깊은 영향을 받게 되며, 시간이 지나면서 점점 더 평화가 스며듭니다. 그리고 우리 참된 본성의 평화로 빛나기 시작합니다.

10.
행복은 우리의 존재 안에 본래 있습니다

부족하거나 불만족스럽다는 느낌 — 미묘하거나 덜 미묘한 불편감이나 현재 상황을 바꾸고 싶은 욕망 — 을 알거나 경험하는 것은 우리의 참된 자기입니다. 부족하거나 불만족스럽다는 느낌은 우리의 생각, 감정, 행위의 많은 부분을 특징짓습니다.

이 부족하다는 느낌을 불행이나 괴로움이라고 합니다. 그것은 우리 경험 전체에 미묘하게 스며 있는 심하거나 모호한 불만족의 느낌일 수 있으며, 현재 상황을 미래의 더 나은 대안으로 바꾸려는 거의 끊임없는 충동으로 표출됩니다.

우리는 현재 상황을 더 바람직해 보이는 상황으로 바꾸려 하는 생각들을 알아차리지만, 우리 자신은 그런 생각들이 아니며, 그 생각들이 피하려 하는 감정들도 아닙니다. 부족하다는 느낌은 생각에 속한 것이지 우리 참된 자기에게 속한 것이 아닙니다.

행복은 마음이나 몸의 상태의 상태로 자주 오인되지만, 마음이나 몸의 상태가 아닙니다. 마음과 몸의 즐거운 경험은 오고 가지만, 행복 자체는 즐거운 경험과 아무 관계가 없습니다. 행복은 우리가 가진 성질이 아니며, 오고 가는 경험도 아닙니다. 행복은 우리 참된 자기의 자연 상태이며, 본래 저항이나 불만족이 없습니다. 행복은 우리의 참된 자기에서 분리될 수 있는 것이 아닙니다. 행복은 바로 우리 자신입니다.

생각이 일어나지 않으면, 우리의 참된 자기인 아는 **현존**은 현재 상황에 대한 저항을 전혀 알지 못합니다. 아는 **현존**은 이 상황과 완전히 친밀하게 하나입니다. 아는 **현존**은 모든 나타남에 '예스'라고 말합니다. 어떤 것이 나타나고 있다는 사실은 **현존**이 이미 그것에 '예스'라고 말했다는 뜻입니다. 그 '예스'가 행복입니다. 그것은 저항이나 추구를 알지 못하며, 현재 상황을 더 나은 상황으로 바꾸려는 욕망도 알지 못합니다.

이 행복은 상황이 어떠하든 늘 현존합니다. 이 행복은 저항하는/추구하는 생각이 일어나기 전에도, 일어나는 동안에도, (그런 생각에 가려진 것처럼 보여도) 모든 경험의 자연 상태입니다. 행복은 평화와 마찬가지로 우리의 참된 자기 안에 본래 있습니다. 행복이 바로 우리의 참된 자기입니다.

우리의 참된 자기는 마음과 몸, 세계의 변하는 모든 모습을 고요히 지켜보지만 그 모습과 친밀하게 하나인 채로 늘 현존합니다. 우리의 참된 자기 안에 본래 있는 행복도 늘 현존합니다. 행복은 때로는 가려진 것처럼 보이지만, 모든 경험의 한가운데에 있으며 인식되기를 기다립니다.

우리가 행복을 자주 알아차리지 못하는 까닭은 지금의 경험을 외면하고, 그것을 더 나은 경험으로 바꾸려 하기 때문입니다. 우리는 행복을 미래의 대상이나 상황에서 찾지만, 행복은 사실 (우리가 어떤 형태의 경험을 하든) 그 모든 경험의 한가운데에 고요히 있습니다. 마치 행복이 지금 현존하지 않으며, 따라서 미래에 찾아야 할 것처럼 보이는 까닭은 단지 우리가 현재 상황을 외면하거나 거부하기 때문입니다.

우리의 많은 활동을 특징짓는 행복에 대한 갈망은 우리의 본성 안에 본래 있고 늘 현존하는 행복을 맛보고자 하는 갈망일 뿐입니다. 행복은 우리가 현재 상황을 거부하고, '지금, 이것'을 거부하기에 일시적으로 가려져 있습니다.

행복에 대한 이 끊임없는 갈망—이 갈망은 당연히 결코 충족될 수 없습니다. 그 추구 자체가 지금 우리의 존재 안에 현존하는 행복을 부정하기 때문입니다—은 우리로 하여금 행복을 끝없이 미래에서 찾게 함으로써 불행을 영속시킵니다. 이런 까닭에 헨리 데이비드 소로우는 "대다수 사람은 말 없는 절망 속에서 살아간다."라고 말했습니다.

11.
사랑은 모든 경험의 자연 상태입니다

방의 공간이라는 비유로 돌아가서, 방 안의 모든 대상은 그 대상이 나타나는 공간과 같은 거리에 있음을 보세요. 탁자, 의자, 카펫, 커튼, 창문, 책, 당신의 몸 등 모든 것이 공간과 똑같이 가까이 있습니다. 공간은 그 모든 것과 '닿아' 있습니다. 공간은 어떤 대상보다 다른 대상에 더 가까이 있지 않습니다.

더 나은 비유는 스크린과 그 위에 나타나는 영상의 관계일 것입니다. 영상은 스크린과는 다른 것처럼 보입니다. 영상의 이름과 모습(예를 들어, 나무나 자동차)은 그 영상을 스크린과 다르고 분리된 것으로 규정하는 것처럼 보입니다. 그렇지만 우리가 손을 뻗어 겉으로 보이는 그 영상을 만져 보면, 그것이 스크린일 뿐임을 발견하게 됩니다.

우리의 존재도 겉모습에 관해서는 그와 같습니다. 생각, 감정, 이미지, 기억, 감각과 지각은 모두 우리의 참된 자기에 의해 알려집니다. 모든 것은 우리의 참된 자기인 아는 **현존**에게 나타나며, 우리가 자세히 살펴보면, 우리의 참된 자기와 나타나는 모습들 사이에 어떤 거리나 분리도 발견하지 못합니다. 마치 영상과 스크린 사이에 거리나 분리가 전혀 없는 것과 같습니다. 앞쪽의 수선화는 뒤쪽의 산보다 스크린에 더 가까이 있지 않습니다. 우리의 참된 자기와 모든 모습의 관계도 그와 같습니다. 우리의 참된 자기는 그 모든 것과 친밀하게 하나이며, 그것들에 똑같이 '닿아' 있습니다.

모든 경험은 우리의 참된 자기에 의해 비추어지거나 알려지며, 그 앎은 알려지는 모든 것과 친밀하게 연결되어 있습니다. 그것들은 분리될 수 없습니다. 사실, 우리는 어떤 대상을 아는 앎 말고는 그 대상을 알지 못합니다. 그러므로 우리는 대상 그 자체를 안다고 말할 수 없으며, 단지 그 대상을 아는 앎만을 알 뿐입니다. 따라서 '그것'도 없고, '대상'도 없습니다. 그저 앎만이 있을 뿐입니다. 앎은 무엇으로 이루어질까요? 우리의 참된 자기입니다!

만약 달이나 신체 감각에 대한 경험에서 우리의 참된 자기인 아는 **현존**을 거두어들이면, 그 경험에 어떤 일이 벌어질까요? 그 경험은 성립할 수 없습니다. 달이나 신체 감각은 경험에서 사라집니다. 달과 신체 감각은 둘 다 우리 아는 **현존**의 빛으로 똑같이 빛납니다. 어느 하나가 다른 하나보다 앎이나 경험에 더 가까이 있지 않습니다.

생각은 하나는 멀고 다른 하나는 가깝다고 인식할 수 있겠지만, 우리의 실제 경험에서는 두 경험 모두 우리의 참된 자기에 똑같이 가까이 있습니다. 모든 경험은 우리의 참된 자기에게 친밀하게 가깝고, 더 가까울 수 없을 만큼 가깝습니다. 오직 우리의 참된 자기만, 오직 앎만 있을 뿐입니다.

우리의 경험을 더 깊이 탐구할수록, 모든 경험을 '아는' 우리의 참된 자기와, '알려지는' 몸, 마음, 세계의 대상들 사이의 경계선은 점점, 어떤 경우에는 갑자기, 희미해집니다. 그 경계선은 분명히 보는 순간 갑자기 확 사라져 버리거나, 시간이 지나면서 서서히 사라집니다.

우리의 참된 자기와 경험되는 모든 것 사이의 구분, 분리 혹은 다름이 없는 이러한 경험을 사랑이라고 합니다. 사랑은 흔히 한 사람이 다른 사람과 연결된 소수의 친밀한 관계라고 여겨지지만, 사실 사랑은 모든 경험, 모든 관계의 자연 상태입니다. 사랑은 차별하지 않습니다. 생각이 차별할 뿐입니다.

사실, 사랑이란 우리의 경험이 두 가지 본질적 실체(분리된 내부의 자아, 분리된 외부의 대상이나 타인, 세계)로 이루어져 있지 않다는 것을 느끼는 이해입니다. 사랑은 이 허구적인 이원성이 무너지거나 사라지는 것이며, 애초부터 이원성이 존재하지 않았다고 느끼는 이해입니다.

이렇게 경험을 허구적인 두 부분으로 나누는 것은 단지 생각이 늘 현존하는 경험의 본질 위에 덧씌운 것에 불과합니다. 이러한 구분이 사라진 경험을 사랑이라고 합니다. 사실, 이제까지 우리에게 알려진 모든 것은 사랑입니다.

・・・

평화, 행복, 사랑이 우리의 존재 안에 늘 현존하며, 모든 상황에서 모든 경험의 순간에 완전히 이용할 수 있음을 발견하는 것은 우리가 할 수 있는 가장 중요한 발견입니다.

보통 우리는 자신을 제한되고 분리된 개인으로 여깁니다. 즉, 이미 존재하는 세계에 태어나 시간 속에서 활동하고, 우리가 갈망하는 평화와 행복, 사랑을 얻기 위해 온갖 상황과 씨름하며 점점 늙어 가다가 마침내 죽을 운명인 몸과 마음이라고 여깁니다.

하지만 우리의 본질은 몸과 마음 안에 있지도 않고, 그것에 의존하지도 않는 순수한 존재 자체이며, 아는 **현존**입니다. 그것은 오지도 가지도 않습니다. 그것은 태어나지 않았고 죽지도 않습니다. 그것은 영원히 지금 현존하며, 평화와 행복, 사랑이 그 본질입니다.

평화와 행복 안에서 우리는 참된 자기가 몸과 마음, 세계의 모든 모습으로부터 완전히 독립해 있다는 것을 압니다. 그것이 우리가 타고난 자유입니다. 사랑 안에서 우리는 참된 자기가 그 모든 모습과 친밀하게 하나임을 압니다. 모습들로부터의 자유, 모습들 속의 사랑.

그런데 우리의 참된 자기에 관해 누가 이런 발견을 했을까요? 우리의 참된 자기 아닌 다른 누가 발견한 것이 아닙니다. 이 발견은 우리의 참된 자기에 대한 우리 자신의 친밀한 경험, 자신을 아는 참된 자기의 친밀한 앎에서 나옵니다. 우리의 존재를 있는 그대로 아는 단순한 앎은 다른 출처의 확인이 필요 없는 자명한 진실입니다. 물론, 이 발견을 언어로 표현하는 것은 생각이지만, 발견 자체는 생각으로 하는 것이 아닙니다.

이 발견에 담긴 의미는 단순하면서도 심오합니다. 그것은 우리의 본질인 평화와 행복, 사랑이 우리 각자 안에 늘 현존하며 언제나 이용될 수 있다는 뜻입니다. 우리의 존재를 정말 있는 그대로 알기만 하면, 우리가 진실로 삶에서 갈망하던 것을 어떤 상황에서든 매 순간 이용할 수 있습니다.

우리 생각과 행위의 대부분을 자세히 정직하게 살펴보면, 그것들이 상황을 조작하거나 미래에 무언가를 얻고 관계를 맺음으로써 평화와 행복, 사랑을 얻으려 한다는 것을 알게 됩니다. 이렇게 평화와 행복, 사랑을 상상된 미래에 투사하면, 모든 경험의 중심에 놓여 있는 평화와 행복, 사랑이 가려집니다.

이렇게 평화와 행복, 사랑이 가려질 때 상상된 내부의 자아가 창조되며, 일단 창조되거나 상상되면 이 자아는 실재하지 않는 미래에서, 당연히 거기서 발견할 수 없는 무언가를 끊임없이 추구할 수밖에 없습니다.

이것이 바로 인간이 처한 상황의 비극이자 희극입니다.

12.
영원한 지금

모든 경험은 지금 일어납니다. 우리는 흔히 '지금'을 과거와 미래라는, 끝없이 확장되는 두 영역 사이에 끼인 시간의 작은 일부라고 믿습니다. 다시 말해, '지금'이란 시간의 흐름을 따라 움직이는, 아주 짧게 지속되는 순간(그래서 '지금 이 순간'이라고 표현함)이라고 여기는 것입니다. '지금'은 의심할 여지 없이 알려지고 경험됩니다. 그러나 시간은 어떤가요?

시간은 두 사건 사이의 기간입니다. 예를 들어, 오늘 아침 식사와 내일 아침 식사 사이에는 24시간이라는 기간이 있는 것 같습니다. 하지만 이 기간에 관한 우리의 실제 경험은 무엇인가요? 지금 이 순간, 오늘 아침에 한 식사의 경험은 무엇인가요?

그것은 단지 생각이나 이미지일 뿐입니다. 내일 하게 될 아침 식사도 마찬가지로 생각이나 이미지일 뿐입니다. 모든 생각과 이미지는 과거나 미래가 아니라 지금 일어납니다. 바로 지금 우리는 오늘 아침에 한 식사나 내일 아침에 할 식사를 '실제로' 경험하지는 않습니다. 우리는 아침 식사에 관한 생각이나 이미지를 경험하며, 그것들은 지금 일어납니다.

오늘 아침 식사가 일어났다고 믿어지는 시간, 내일 아침 식사가 일어날 것이라고 믿어지는 시간은 둘 다 상상된 것입니다. 그 시간들은 결코 경험되지 않습니다. 아침 식사의 실제 경험이 일어나는 때는 바로 지금입니다. 아침 식사에 관한 생각이 일어나는 때도 바로 지금입니다.

우리는 진실로 오직 지금만 알 뿐이며, 실제로는 과거나 미래를 알지 못합니다. 실제로는 과거나 미래를 알지 못한다면, 어떻게 시간을 알 수 있을까요? 알 수 없습니다! 우리가 시간을 알지 못한다면, 이 현재의 경험이 일어나고 있는 '지금'이, 모든 경험이 일어나는 '지금'과 같은지 아닌지를 어떻게 알 수 있을까요? 신생아 때 우리의 맨 첫 경험이 일어난 '지금'이, 이 글자들이 나타나고 있는 바로 이 '지금'과 같은지 아닌지를 어떻게 알 수 있을까요?

'이 지금'과 '저 지금'이 다르다고 우리에게 말하는 것은 단지 생각일 뿐입니다. 그리고 그 생각은 지금 일어나고 있습니다. 우리는 '지금'을 전혀 벗어날 수 없습니다. 다른 '지금'이 존재할 수 있는 시간도 전혀 현존하지 않습니다.

· · ·

지금을 벗어나려 해 보세요. 지금에서 한 걸음 물러나 1초 전의 과거로 들어가려 해 보세요. 그럴 수 있나요? 1분 뒤의 미래로 가 보려 해 보세요. 어디로 가지나요? 어디로 갈 수 있나요?

우리의 경험에 가까이 머무르면, 이 지금이야말로 늘 있는 유일한 지금임을 발견하게 됩니다. 그것은 영원히 지금입니다. 이 지금은 시간 속의 어디로도 가지 않습니다. 이 지금이 앞으로나 뒤로 갈 수 있는 시간은 현존하지 않습니다. 지금은 시간 속의 한 순간이 아닙니다. 그것은 시간과 아무 상관이 없습니다. 그것은 시간이라는 요소로 이루어져 있지 않습니다.

지금은 무엇으로 이루어져 있나요? 지금은 늘 현존합니다. 그러니 똑같이 늘 현존하는 것으로 이루어질 수밖에 없습니다. 우리 경험에서 늘 현존하는 것은 무엇인가요? 몸, 마음, 세계인가요? 아니요, 오직 우리의 참된 자기뿐입니다!

지금이 우리의 참된 자기입니다. 우리는 지금 속에 현존하는 것이 아닙니다. 우리가 바로 지금입니다. 지금은 다른 모든 것과 함께 우리 자신을 담고 있는 그릇이 아닙니다. 지금이 바로 우리의 참된 자기, 영원한 **현존**입니다.

우리의 참된 자기가 지금—몸이나 마음인 우리 자신이 아닌, 아는 **현존**인 우리 자신—을 피할 동기가 있을까요? 생각 이전에는 우리의 참된 자기에게 아무런 동기가 없습니다. 동기를 부여하는 생각을 하는 동안에도, 동기는 단지 그 생각일 뿐입니다. 모든 동기는 생각에 속한 것이지, 우리의 참된 자기에게 속한 것이 아닙니다.

'동기를 부여하는 생각'이 우리 자신을 위한 동기라고 믿는 것은 생각뿐이며, 동기를 가진 자아는 상상된 자아입니다. 그 상상된 자아가 동기를 가진 것이 아니라, 그 자아가 바로 동기―지금을 벗어나 상상된 과거나 미래로 들어가려는 저항이나 추구의 움직임―입니다.

참되고 유일한 자기는 본래 어떤 동기나 계획, 목적이 없습니다. 모든 동기, 계획, 목적은 궁극적으로 그것에서 비롯되며 그것을 향합니다. 우리는 지금에 대한 저항도, 지금을 바꾸려는 욕망도 전혀 없는 순수한 평화와 행복입니다.

지금에 저항하고, 지금을 자신이 상상하는 더 나은 상황으로 바꾸고 싶어 하려면, 생각이 필요합니다. 그 생각 이전에는 지금을 떠나 미래에 평화와 행복, 사랑, 깨달음을 추구할 동기가 전혀 없습니다. 따라서 미래의 평화와 행복, 사랑을 추구하려면, 먼저 지금 있는 우리 자신의 참된 본성을 잊어야만 합니다. 즉, 이런 속성들이 우리의 참된 자기 안에, 지금 여기에 현존한다는 것을 잊어야 하는 것입니다.

행복을 추구하는 것은 불행의 다른 이름이며, 우리의 참된 자기를 잊는 것입니다.

⋯

　우리 참된 자기의 현존을 잊을 수 있는 것은 무엇일까요? 분명 우리의 참된 자기는 아닙니다. 우리의 참된 자기는 자기를 '모를' 수 없기 때문입니다. 그것은 자기를 아는 앎입니다. 그렇다면 우리의 참된 자기, 아는 **현존**인 평화와 행복의 영원한 본성을 잊을 수 있는 다른 자아가 있을까요? 상상된 자아뿐입니다. 그것이 바로 분리된 자아의 정체입니다.

　상상된 자아는 그것을 상상하는 생각으로 이루어집니다. 그것은 생각으로 만들어진 상상된 자아이며, 평화와 행복이 지금은, 현재 상황에는 현존하지 않는다고 상상합니다. 만약 평화와 행복이 지금 현존하지 않는다면, 그것들은 어디에서 발견될까요? 오직 '지금이 아닌' 곳에서일 것입니다. 시간이란 우리가 '지금이 아닌' 상상의 장소에 부여한 이름입니다.

　사실, 시간은 분리된 내부 자아의 극장이며, 분리된 가상의 자아에 내재한 저항과 추구가 의미를 부여받고 활동하는 놀이터와 같은 것입니다. 분리된 자아는 시간이 실제가 아니라는 사실을 이해할 수 없습니다. 만약 그 사실을 이해하면, 분리된 자아가 갈 곳이 없어지고 꿈을 추구할 곳이 없어지기 때문입니다.

　이 지금이 실재하는 유일한 지금임을 진실로 보게 되면, 분리된 자아의 저항과 추구는 무너집니다. 저항과 추구가 무너지면, 분리된 자아 자체도 무너집니다. 분리된 자아는 추구하는 실체가 아니라, 추구하는 활동이기 때문입니다.

만약 이 지금이 실재하는 유일한 지금이고, 존재할 수 있는 모든 평화와 행복, 사랑은 바로 지금 여기, 이 현재 상황에 현존한다는 것을 우리가 경험으로 이해하면, 우리의 추구는 어떻게 될까요? 깨달음을 추구하는 동기는 무엇일까요? 그리고 누가 그것을 추구할까요?

아는 **현존**인 우리의 참된 자기는 아닙니다. 생각이 없다면, 현재 상황을 거부하고 그것을 바꾸려고 애쓰는 메커니즘이 우리의 참된 자기 안에 없기 때문입니다. 오직 상상된 자아만이 상상된 미래에서 그런 것을 추구할 것입니다.

• • •

이를 분명히 보게 되면, 분리된 가상의 자아와 그 자아의 평화와 행복을 향한 추구가 사라집니다. 이렇게 사라질 때 몸과 마음에 이완의 물결이 동반할 수 있습니다. 아주 오랫동안 상상된 자아를 섬겨 온 몸과 마음은 이제 이 허구의 폭군에게서 해방됩니다.

그러면 우리의 생각, 감정, 몸짓, 자세, 행동 방식, 활동과 관계에 내재해 있던 저항과 추구가 풀려나기 시작합니다. 이렇게 풀려날 때 몸과 마음의 긴장과 수축도 함께 놓여날 수 있습니다. 그럴 때는 즐거운 경험을 할 수도 있지만, 그것도 결국은 오고 가는 경험일 뿐입니다. 그렇지만 평화 자체는 오고 가지 않습니다.

　몸과 마음의 이런 재조정은 대부분 서서히 일어나지만, 때로는 극적인 변화가 일어나기도 합니다. 그런 극적인 변화로 인해 몸과 마음이 불안정해질 수 있고, 우리가 정체성을 부여해 온 익숙한 틀들이 사라지면서 두려움이 일어날 수 있고, 심지어 공포에 빠질 수도 있습니다. 이 지점에서 안정감을 되찾기 위해 이전의 생각하고 느끼는 습관으로 돌아가려는 욕구가 강해질 수 있는데, 그 욕구에 굴복하면 상상된 자아가 다시 자기의 권리를 주장하게 될 것입니다.

　하지만 만약 우리가 용기와 사랑을 가지고 이 새로운 풍경의 열려 있음과 낯섦에 머무를 수 있다면, 두려움이 가라앉고, 우리는 평화와 사랑이라는 참된 본성 안에 있을 것입니다. 시간이 지나면서 분리된 자아의 잔재는 점차 몸과 마음에서 씻겨 나가는데, 어떤 노력이나 훈련을 통해서가 아니라, 더는 그런 자아가 실재한다는 믿음으로 먹이를 얻어 강화되지 않기 때문입니다.

　마침내 몸/마음의 전체 구조는 열려 있음과 편안함이라는 자연 상태로 돌아옵니다. 그것은 상상된 내부 자아의 만족할 줄 모르는 끝없는 요구에 더는 따르지 않으며, 더는 상상된 외부 세계나 타인에게 불가능한 요구를 하지 않습니다.

　그런 몸/마음은 자유롭고 자연스러우며, 이 순간의 필요에 반응한 뒤 자연스러운 상태로 돌아옵니다. 그 순간은 있는 그대로 받아들여집니다. 생각, 감정, 행위와 관계는 더이상 몸과 마음에 흔적을 남기지 않습니다. 그 결과, 몸과 마음이 열리고 넓어지고 투명해지며 사랑하게 됩니다.

과거의 어떤 지식이 필요하면, 그 지식을 쓸 수 있습니다. 매 순간에 필요한 것은 무엇이든 넘치지도, 모자라지도 않게 지공됩니다. 예를 들어, 과거와 미래라는 관념이 포함된 아이디어는 필요한 상황이면 임시로 채택해 쓸 수 있지만, 그것을 실제 있는 것으로 착각하지는 않습니다.

전에는 이러한 문제들에 관해 생각하기 위해 노력해야 했습니다. 이전에 몸과 마음에 가해진 조건화가 뿌리 깊었기 때문입니다. 하지만 이제 몸과 마음은 우리의 참된 자기 안에 본래 있는 평화와 행복의 성질로 회복되었기에, 때로는 이전 방식으로 생각하려 하면 오히려 노력이 필요한 것 같습니다.

예를 들어, 친구가 비행시간이 얼마나 걸렸는지 물으면 잠시 어리둥절할 수도 있습니다. 여행은 시간이 걸리지 않았습니다. 언제나 지금입니다. 우리는 웃으며 "아홉 시간"이라고 대답합니다. '아홉 시간'이라는 대답은 마음을 위한 것이고, 웃음은 친구를 위한 것입니다.

• • •

깨달음이란 '지금 있는 것'에 대한 저항의 부재, 지금 일어나는 모든 일을 거부하거나 바꾸려는 어떤 욕망도 없는 전적인 친밀함이라고 정의될 수 있습니다. 너무 친밀해서, 자아가 전체에서 따로 분리되어 나올 여지가 없고, 따로 떨어져 나와 바깥에서 상황을 지켜볼 수 없으며, 가치 있거나 가치 없다고, 좋거나 나쁘다고, 옳거나 그르다고, 바람직하거나 바람직하지 않다고 판단할 여지도 없습니다.

너무 친밀해서, 분리된 자아가 몸 안에 피난처를 구할 공간도, 시간도 없고, 자신에게 경계선이나 테두리가 없으며, 자신이 경험의 전체 영역에 가득함을 발견합니다. 너무 친밀해서, 안쪽에는 '나'가 없고 바깥쪽에는 대상이나 타인이 없으며, 오직 이음매 없이 친밀한 경험만 있습니다. 너무 친밀해서, '자아'와 '타자', '나'와 '너', '이것'과 '저것', '지금'과 '그때'가 있을 여지가 없습니다. 전적으로 '지금 여기'여서 시간을 위한 시간이 없고, 거리나 공간을 위한 장소가 없습니다.

・・・

우리는 참된 자기가 되기 위해 수행할 수도 없고 그럴 필요도 없습니다. 우리는 이미 아는 **현존**이며, 모든 경험과 친밀하게 하나입니다. 사실, 우리는 자기 자신 아닌 것이 되기 위해서만 수행할 수 있습니다! 그리고 이것이 바로 우리가 하는 행위입니다. 그렇지만 이렇게 하는 '우리'는 생각과 감정으로 이루어진, 실재하지 않는 '나'입니다.

수십 년 동안 우리는 분리된 내부의 자아가 되는 법을 훈련했고, 자아의 대사와 역할을 실습했으며, 마침내 자아를 대신하여 생각하고 느끼고 행동하고 관계 맺는 것이 제2의 천성이 되었습니다. 하지만 이 자아는 전적으로 상상의 산물입니다. 이 모든 것을 하는 것은 단지 생각일 뿐입니다.

  몸과 마음, 세계의 모든 모습과 우리 자신의 관계는 영상과 스크린의 관계와 같습니다. 다시 말해, 둘은 아무 관계가 없습니다. 아무리 밀접해 보여도, 애초에 두 가지―영상과 스크린―가 있어서 서로 관련되는 것이 아닙니다. 언제나 스크린만 있을 뿐입니다. 집, 차, 사람, 건물, 하늘, 나무, 동물 등은 모두 우리가 그것이 스크린일 뿐임을 잊을 때 스크린에 붙이는 이름입니다. 하지만 우리가 잊을 때조차 여전히 스크린만 있을 뿐입니다.

  몸과 마음, 세계의 모든 모습과 우리의 관계도 그와 같습니다. 우리가 아는 것은 경험이 전부입니다. 사실, 우리는 몸과 다음, 세계를 그 자체로 알지 못합니다. 경험함(experiencing, 현재 경험)만을 알 뿐입니다. 경험함은 어디에서 일어나고 있나요? 우리의 참된 자기와 멀리 떨어져 있나요?

  경험함은 우리의 참된 자기 아닌 다른 것으로 만들어져 있나요? 달을 경험하는 것과 우리의 참된 자기는 서로 얼마나 멀리 떨어져 있나요? 수백만 마일 떨어져 있나요, 아니면 (우리가 달에 관해 아는 전부인) 달의 경험은 친밀하고 가깝고, 우리의 참된 자기와 하나인가요?

사실은 우리가 경험함을 '아는' 것이 아닙니다. 경험함과 따로 떨어져 있으면서 경험을 '아는' 독립체는 없습니다. 경험에서 뒤로 물러나 멀리서 경험을 아는 분리된 주체는 없습니다. 경험은 그보다 훨씬 더 친밀합니다. 경험이 경험 자체를 아는 앎입니다. 경험은 그 자신이 아닌 다른 것에 의해 알려지는 것이 아닙니다. 경험에는 두 부분—아는 자와 알려지는 것—이 없습니다. 순수한 경험함만 있을 뿐입니다. '나', 아는 **현존**, 경험은 하나이며 같은 것입니다.

· · · ·

이는 마음의 태도를 유지하는 일이 아닙니다. 마음이 이 일에 관해 뭐라고 말하든 상관없이, 이미 사실인 것을 분명히 보는 일입니다. 모든 문제는 우리의 참된 자기에게 일어나는 것이 아니라, 생각에게 일어나는 것임을 분명히 보세요. 우리의 참된 자기—모든 상황을 아는 자, 또는 모든 상황이 그 안에 나타나는 자—는 상황 속에 있지 않습니다. 상황이 우리의 참된 자기 안에 있습니다. 참된 자기에게는 늘 아무 문제가 없습니다. 활동이 일어나는 방의 공간에는 늘 아무 문제가 없는 것과 같습니다. 공간은 본래 그 안의 활동과 그 결과에 영향받지 않습니다.

상황 자체에도 아무 문제가 없습니다. 언제나 문제들은 생각이 상상해 낸 분리된 내부의 자아에게 일어나는 것입니다. 생각은 경험을 두 부분—'나'인 부분과 '나 아닌' 부분—으로 나누었고, 문제는 언제나 상상의 '나' 부분에게 일어나는 것입니다. 이렇게 경험을 상상으로 두 부분으로 나누지 않으면, 보고 듣고 만지고 생각하고 느끼는 경험함의 친밀함이 있습니다.

상황 전체에서 특정한 몸과 마음에 요구되는 것이 있다면, 자연히 더 많은 생각, 활동, 감각 등으로 나타날 것이고, 그럴 때 우리는 우리의 몸과 마음이 그 상황에 관여하는지 아닌지를 알게 될 것입니다. 어느 경우든 활동을 경험하거나 조정하는 분리된 내부의 자아는 없습니다.

사실, 우리의 참된 자기에게는 어떤 활동도 없습니다. 단지 지금 생각하고 느끼고 감각하고 지각함만 있을 뿐입니다. 이것들은 어디로도 가지 않습니다. 그것들은 어떤 특정한 이유로 나타나는 것이 아니고, 어떤 특정한 결과를 가져오도록 예정되어 있지 않으며, 어떤 심리적 흔적도 남기지 않습니다. 모든 이유, 운명, 목적, 계획, 결과는 생각으로 만들어진 자아를 위한 것이지, 참되고 유일한 자기를 위한 것이 아닙니다.

몸/마음 활동의 목적은 결국 행복을 찾는 것이고, 우리가 영적 구도자라면 깨달음을 찾는 것입니다. 둘은 같은 것입니다. 그러나 우리의 참된 자기는 이미 마음이 찾으려고 하는 그것입니다. 행복은 우리 자신의 존재를 있는 그대로 아는 단순한 앎이며, 몸과 마음, 세계의 상태에 좌우되지 않습니다. 행복은 우리의 늘 현존하는 본성입니다. 행복은 모든 경험의 배경에서 고요히 빛나고 있고, 인식되면 전경(前景)으로 흘러넘치며 경험을 자기의 성질로 가득 채웁니다.

그것이 자유입니다. 경험에서 멀리 있거나 동떨어진 자유, 지적 도피처인 자유가 아니라, 모든 경험의 한가운데에 현존하는 자유입니다.

3부

분리된 자아의 기원

13.
분리된 자아의 본래 모습

분리된 자아의 본래 모습은 하나의 생각이며, 이 생각은 우리의 참된 자기인 아는 **현존**이 모든 경험에 친밀하고 동등하게 가득한 것이 아니라, 그중 작은 부분, 여기에서 '나, 몸/마음'이라고 불리는 이 생각과 감정의 집합에만 가득하다고 상상합니다.

이는 컴퓨터 화면이 그 위에 열려 있는 모든 문서와 이미지에 가득하지 않고, 그중 하나에만 가득하다고 상상하는 것과 같습니다. 사실, 이조차 진실과는 거리가 멉니다. 왜냐하면 문서와 이미지는 화면으로 가득한 것이 아니기 때문입니다. 화면이 없으면 문서와 이기지도 없습니다. 독립적으로 존재하는 문서나 이미지 같은 것은 없습니다. 실제로는 화면만 있습니다. '문서'와 '이미지'는 화면과 화면이 나타내는 것처럼 보이는 모습들에 주어진 이름일 뿐입니다.

화면 자체의 관점에서 보면, 실제로 독립해 있는 문서나 이미지 같은 것은 없습니다. 화면 자체만 있을 뿐입니다. 문서와 이미지의 실체가 화면이라는 사실이 간과되었을 때만 문서와 이미지는 그 자체로 실재한다고 여겨집니다. 다시 말해, 오직 문서나 이미지의 상상된 관점에서만 문서와 이미지는 실제라고 인식됩니다.

화면이 잊히는 순간, 문서와 이미지는 자기의 독립된 실체를 가진 듯 보입니다. 그것들은 화면이 아닌 것, 즉 단어, 색깔, 모양, 사물 같은 것으로 이루어진, 실재하고 분리되어 있으며 독립적인 대상처럼 보입니다. 그렇지만 화면의 유일한 실제 관점에서 보면, 화면만 있습니다. 실제로는 두 가지―화면이라는 하나, 문서나 이미지라는 둘―가 있는 게 아닙니다. 화면만 있습니다. 두 가지―혹은 여러 가지 다양한 것―는 그들의 참된 실체(화면)가 간과되었을 때만 존재하는 것처럼 보입니다.

경험은 그와 같습니다. 우리가 아는 것은 경험이 전부이지만, 경험을 아는 독립적인 '우리'나 '나'는 없습니다. 경험만, 경험함만 있으며, 경험함은 본래 경험하는 부분과 경험되는 부분으로 나뉘어 있지 않습니다. 유일한 실제 관점인 경험의 관점에서 보면, 경험함은 자기와 너무나 친밀하게 하나여서, 자기를 몸이나 마음, 세계 같은 '어떤 것'으로 알 수 없습니다.

자기를 '어떤 것'으로 알려면, 경험함은 둘로 나뉘어야 할 것입니다. 순수하고 이음매 없고 친밀한 경험이라는 참된 본성을 잊고, 자기가 경험의 작은 한 부분일 뿐이라고 상상해야 할 것입니다. 이것이 바로 경험이

하는 일입니다. 경험은 자기를 둘로 나눈 것처럼 보이는 생각의 모습을 취합니다.

경험을 이렇게 둘로 나누면, 생각은 우리 자신은 경험의 한 부분인 '아는 자'이고, 경험의 나머지 부분은 '알려지는 것'이 될 수 있다고 상상할 수 있습니다. 이제 이 분리된 '아는 자'의 상상된 관점에서, 알려지는 대상들이 존재하는 것처럼 보이고 자체의 실체성을 얻는 것처럼 보입니다. 그렇지만 분리되어 있는 것 같은 이 알려지는 대상들의 존재는 우선 우리 자신이 분리된 내부의 주체인 '아는 자'라고 상상하는 생각에 의지해 있습니다.

다시 말해, 몸과 마음, 세계와 같은 대상들이 실재하고 자체의 실체성을 가진다는 믿음은 우리의 참된 자기인 아는 **현존**이 몸 안에 있고 몸으로 존재하며, 그 결과 분리된 내부의 자아가 된다는 믿음에 의지해 있습니다. 실제로는, 우리의 실제 경험에서는 모든 경험은 이음매 없는 하나의 바탕입니다. 내부의 자아와 외부의 대상, 타인, 세계 사이의 이원성은 실제로는 전혀 경험되지 않습니다. 그것은 언제나 상상된 것입니다.

우리가 이 하나의 바탕을 무엇이라 부르는지는 중요하지 않습니다. 더는 그것과 대비될 다른 무엇이 없기 때문입니다. 그렇지만 경험의 바탕이 무엇이든지 그것은 우리의 참된 자기로 이루어집니다. 그러므로 **앎**(Awareness)과 **현존**(Presence)은 그에 알맞은 좋은 이름입니다. 이 친밀함, 분리 없음 또는 다름 없음을 사랑이라고도 합니다. 그것이 모든 경험의 자연 상태입니다.

· · ·

가끔 경험함은 특정한 생각의 형태를 띠는데, 이 생각은 경험이 이음매 없는 하나의 바탕이 아니라 두 가지 필수적인 부분—알거나 경험하는 주체, 알려지거나 경험되는 대상, 타인, 세계—으로 나뉜다고 상상합니다.

이 생각은 주체를 '나'로 인식하고, 대상, 타인, 세계는 '나 아닌 것'으로 인식합니다. 이 생각은 경험을 두 가지 분리된 부분으로 나누는 것처럼 보이며, 두 부분은 알거나 느끼거나 지각하는 행위를 통해 서로 연관되는 것처럼 인식됩니다. 이렇게 경험을 두 가지 필수적인 부분으로 나누면, 상상된 내부의 자아가 생기고, 필연적으로 그 자아의 외부에 있는 대상, 타인 또는 세계가 생깁니다. 이러한 믿음으로 인해 경험의 이음매 없는 친밀함이 가려지고, 모든 경험의 자연 상태인 사랑까지 가려집니다.

그 순간, 앎 아닌 다른 것이 존재하는 것처럼 보입니다. 그러면 우리는 참된 자기가 모든 경험에 똑같이 가득하다고 느끼는 대신에, 이제 몸과 마음이라는 이 작은 경험의 조각에만 가득하다고 느낍니다. 이런 식으로 우리의 참된 자기인 앎은 몸과 마음 안쪽으로 수축되고, 세계와 모든 타인은 바깥으로 투사되는 것처럼 보입니다.

이것이 바로 경험을 자아와 세계라는 두 가지 겉보기의 실체로 나누는 근본적인 구분이며, 이 구분은 모든 경험의 자연 상태인 사랑을 가립니다. 이런 까닭에 상상된 내부의 자아는 상상된 외부 세계에서 항상 사랑을 얻으려고 합니다.

・・・

겉보기에 경험이 두 가지 필수적인 부분으로 나뉘는 것은 스크린 위에 두 개의 이미지가 나란히 나타날 때 스크린이 두 개로 나뉜다고 상상하는 것과 비슷합니다. 만약 생각이 두 개의 영상 가운데 하나에만 스크린이 담긴다고 상상한다면, 생각은 두 번째 영상을 만드는 재료인 '스크린 아닌' 실체도 상상해야 할 것입니다.

이것이 바로 정확히 생각이 '나'와 '나 아닌 것'을 상상한 뒤, 경험의 이음매 없는 친밀함 위에 덧씌우는 방식입니다. 생각은 우리의 참된 자기인 아는 **현존**이 모든 경험에 똑같이 가득하지 않고 친밀하지 않으며, 그중 작은 하나의 부분에만 가득하고 친밀하다고 상상합니다. 그 작은 부분인 몸/마음이 '나'가 됩니다.

우리의 참된 자기로 가득하지 않거나 친밀하지 않은 모든 것은 이제 '우리의 참된 자기가 아닌', '앎이 아닌' 다른 것으로 이루어진다고 여겨집니다. '앎이 아닌', '나 아닌' 이것을 '물질'이라고 합니다. 생각이 실체라고 상상하는 그것은 실제로는 전혀 경험되지 않습니다. 사실, 그리스인들은

2,500년 전에 물질이라는 관념을 만들었지만, 과학자들은 아직도 그것을 발견하지 못하고 있습니다.

내부의 자아가 실재한다고 믿으면, 필연적으로 앎과는 별개의 독립적인 외부 세계가 실재한다고 믿게 됩니다. 이 두 가지 믿음은 언제나 함께 합니다. 분리된 내부의 자아가 무너지면, 분리된 외부의 세계도 함께 무너지며, 사랑의 친밀함만이 남는데, 그 안에는 구별이나 분리, 구분의 여지가 전혀 없습니다.

이런 식으로, 세계에 대한 우리의 경험은 언제나 우리의 이해를 반영하고 확인해 줍니다. 즉, 만약 우리가 자신을 제한되고 특정 위치에 있는 내부의 자아라고 생각한다면, 세계와 타인들은 그 믿음을 우리에게 반영하는 것처럼 보일 것입니다. 그들은 우리와 분리되고, 따로 떨어져 있으며, 다른 것처럼 보일 것입니다. 무엇보다도 그들은 평화와 행복, 사랑의 근원으로 보이거나, 아니면 그것에 대한 위협으로 보일 것입니다. 그로 인해 우리와 세계, 타인들의 관계는 언제나 이끌림과 밀어냄, 추구와 저항 가운데 하나가 될 것입니다.

분리된 내부의 자아가 없다는 사실이 분명해지면, 똑같은 세계가 이 새로운 이해를 우리의 경험에서 확인해 줍니다. 이것이 세계의 마법 같은 특성입니다. 즉, 세계는 이원성에 대한 믿음도, 비이원성에 대한 이해도 확인해 주는 것처럼 보입니다.

분리된 내부의 자아와 분리된 외부의 세계가 무너지면, 경험은 진실로 있는 그대로 드러나게 됩니다. 경험은 더는 몸과 마음, 세계로 이루어진 것으로 보이거나 느껴지지 않습니다. 이렇다는 것을 경험으로 이해할 때, 먼저 몸과 마음, 세계에 대한 우리의 경험은 순수하고 이음매 없고 친밀한 경험으로 축소되며, 다음에는 이 경험의 바탕이 순수한 앎 자체임이 드러납니다. 우리는 모든 경험이 우리 자신의 친밀한 존재의 변조라는 것을 발견합니다.

14.
평화와 행복이 가려짐

몸과 마음, 세계의 모든 대상―즉 모든 생각, 감정, 감각과 지각―은 우리의 참된 자기인 아는 **현존** 안에 동등하게 나타납니다. 하지만 생각은 몸과 마음만을 우리의 참된 자기로 여기며, 그로 인해 세계는 우리의 참된 자기에서 멀리 떨어진 바깥쪽에 투사되고, 우리의 참된 자기는 '안쪽'에 있는 것으로 여겨집니다.

이런 생각으로 인해, 사실은 모든 경험에 똑같이 가득한 우리의 참된 자기인 아는 **현존**이 몸과 마음에만 가득한 것처럼 보이고, 그 결과 (실제로는 그렇지 않지만) '나, 몸과 마음'이 된 것처럼 보입니다. 이 믿음으로 인해, 몸 안에 사는 것 같은 '나'라는 새로운 개체가 생기는 것처럼 보입니다.

이렇게 몸과 마음만을 우리의 참된 자기로 여긴 결과, 참된 자기에 본래 내재한 속성들이 제한된 대상[8]의 특성들로 대체된 것처럼 보입니다. 열려 있고, 텅 비어 있고, 광활하고, 밝고, 늘 현존하며, 파괴할 수 없는 우리 참된 자기의 본성은 이러한 배타적 연관으로 인해 가려지고, 우리는 자신을 제한되고 작게 나뉘고 수축된 것으로 경험하며, 탄생과 변화, 죽음을 겪어야 하는 존재인 것처럼 보입니다.

이러한 연관은 이후 우리가 자기라고 여기는 것, 곧 몸 안에 거주하는 물질적, 정신적 개체를 만들어 냅니다. 그 결과 우리는 이제 자기를 분리된 내부의 자아라고 생각하고 느끼며, 더는 모든 모습과 친밀하게 하나가 아닌, 타인들이나 세계와 단절된, 단지 하나의 몸/마음과만 친밀하게 하나인 자아라고 느낍니다.

이렇게 우리 자신을 몸, 마음과만 배타적으로 연관시킨 결과, 우리의 참된 본성 안에 본래 있는 평화와 행복, 사랑이 가려집니다. 이런 믿음으로 생겨난 상상되고 분리된 자아는 이러한 속성들이 없다고 느껴지며, 그래서 자신에게 없다고 여겨지는 평화와 행복을 바깥 세계에서 얻으려고 애씁니다.

사실, 평화와 행복의 추구야말로 분리된 자아의 핵심적인 특징입니다.

・・・

---

8 여기에서 '제한된 대상'은 몸과 마음을 가리킨다. ─옮긴이

우리 자신이 몸과 마음 안에 축소되고 제한되어 있다고 상상하는 생각은 부서지기 쉬운 개체이며, 우리의 참된 자기인 아는 **현존**과 신체 감각 네트워크의 연합으로 만들어진 믿음입니다. 이렇게 몸과 마음의 속성들이 우리 참된 자기와 배타적으로 섞이면, 알면서(그 본질은 우리의 참된 본성인 **앎**으로 이루어지므로) 제한된(몸의 제한된 특성들을 공유하는 것처럼 보이므로) 것처럼 보이는 가짜 분리된 자아가 생깁니다.

이 새로운 개체는 몸과 마음의 특성뿐 아니라 운명까지 공유하는 것처럼 보입니다. 다시 말해, 분리된 개체는 자기가 본질적으로 부서지기 쉽고 연약하다고(몸과 마음이 오고 가는 생각과 감각, 지각으로 이루어졌으므로) 느끼며, 그래서 사라지고 죽을 수밖에 없다고 느낍니다. 그러므로 사라지거나 죽을 것이라는 공포와 그에 따른 심리적 생존 욕구는 상상된 자아를 이루는 필수 요소입니다.

이 본질적인 공포를 가라앉히기 위해 내부의 자아는 자신의 부서지기 쉬운 본성을 더 많은 믿음, 감정, 연합으로 실체화하기 위해 노력합니다. 여기에는 우리의 기억, 희망, 실패, 성공, 성취, 야망, 그리고 두려움, 죄책감, 부족감, 걱정, 불안, 후회 같은 감정과 신체적 특징이 포함됩니다. 그 결과, 분리된 내부의 자아는 생각, 감정, 감각으로 이루어진 복잡한 구조로 성장하여, 깊이, 무게, 의미, 크기, 위치, 목적, 나이, 국적, 역사, 운명 등을 가진 정체성을 발달시키게 됩니다.

이 모든 것이 뒤섞인 상태는 마치 촘촘하게 짜인 직물과 같습니다. 한

올 한 올 자체는 거의 아무것도 아니지만, 함께 짜이면 겉보기에 온전한 전체가 되어 의미와 견고함, 내구성을 가지는 것처럼 보입니다. 이 다채롭게 짜인 직물이 우리의 정체성이 됩니다. 그러나 이 정체성은 가짜이며, 단지 텅 빈 중심을 둘러싸고 엮이며 서로 작용하는 생각과 감정, 감각의 작은 색실들로 이루어진 것에 불과합니다. 우리가 내부를 들여다보면, 그저 텅 비어 있음, 빈 공간, 투명함, 우리의 참된 자기만을 발견합니다.

그런데 우리의 참된 자기를 '보는' 것, 이 투명한 **현존**을 알아보는 것은 무엇일까요? 이 텅 비고 투명한 **현존**을 보거나 알아볼 수 있는 것은 유일하게 알고 현존하는 존재인 우리의 참된 자기, 아는 **현존**입니다. 우리가 내면을 들여다보면서 이 겉보기에 분리된 자기를 향할 때, 한 순간이 다가오는데, 그것은 언제나 시간을 초월한 순간이며, 우리의 참된 자기가 자기를 인식하는 순간입니다.

우리가 자기를 이 텅 비고 투명한 **앎**의 현존으로 여기는 데 익숙해지면, 가짜 자아의 촘촘하고 다채로운 직물에 새로운 실을 더하지 않게 되고, 이 직물은 낡아지고 닳기 시작하며, 더욱더 닳아서 올이 드러나고, 솔기에서 떨어져 나가기 시작합니다.

겉보기에 견고하고 오래갈 것 같은 분리된 내부의 자아도 이런 옷과 같습니다. 이 자아는 생각과 감정의 집합으로 이루어져 있는데, 그것들은 자체로는 거의 아무것도 아니지만(하나의 생각이나 감정에 대체 무슨 실체가 있을까요?), 한데 뭉쳐 있으면 마치 단단한 실체가 있는 것처럼 착각하게 만듭니다.

    감정은 이들 가운데 가장 깊이 뿌리내리고 있으며, 우리 정체성의 감각을 몸 안 깊숙이 자리 잡게 합니다. 그래서 분리되어 있다는 느낌(과 그에 따르는 불행)은 대개 분리된 자아의 본성을 지적으로 이해한 뒤에도 오랫동안 남아 있습니다.

15.
평화와 행복은 몸과 마음의 상태가 아닙니다

평화와 행복은 몸과 마음의 상태가 아닙니다. 몸과 마음의 모든 상태는, 아무리 즐거워도, 앎 안에서 나타나고 사라집니다.

평화는 불안이나 저항감이 없는 것으로 생각될 수 있고, 행복은 부족감이 없는 것으로 생각될 수 있습니다. 이렇게 불안, 저항감, 부족감이 없는 것이 우리의 자연 상태입니다. 그 상태는 우리의 참된 본성인 아는 **현존** 안에 본래 있습니다.

저항감과 부족감이 일어나면, 우리 안에 본래 현존하는 평화와 행복이 가려지고, 우리의 참된 자기가 겉보기에 분리된 개체로 축소될 수 있습니다. 이 상상된 개체는 지금을 거부하고, 현재 상황을 거부하며, 그로 인해 미래의 평화와 행복을 추구하는 것으로 정의됩니다. 사실, 분리된 자아는 하나의 실체가 아닙니다. 그것은 회피하고 추구하는 '활동'입니다.

이 저항감과 부족감은 상상된 내부의 자아를 구성하는 필수 요소입니다. 저항할 때 우리는 과거로 끌려가고, 부족감은 우리가 현재 상황이 아닌 다른 것을 추구하게 하여 미래로 몰아갑니다. 저항과 추구는 분리된 자아의 두 가지 근본적인 형태이며, 지금을 회피하게 되는 원인이 됩니다.

지금을 회피하려면, '지금이 아닌 것' 곧 시간을 상상해야 합니다. 그러므로 분리된 내부의 자아는 시간의 어머니입니다.

• • •

우리가 평화와 행복을 이런 식—몸과 마음의 긍정적인 상태가 아니라, 불안과 부족이 없는 상태—으로 생각하면, 그것들은 대상화되지 않습니다. 평화와 행복은 마음, 몸, 세계의 영역에서 추구할 수 있는 대상이 되지 않습니다. 그리고 마음, 몸, 세계의 상태와 관계없이, 늘 현존하는 우리의 존재를 있는 그대로 아는 단순한 앎과 동의어로 남아 있게 됩니다.

평화와 행복이라는 우리의 자연 상태가 저항/추구라는 생각의 활동에 가려질 때, 몸은 깊은 영향을 받게 됩니다. 사실, 몸은 마음의 활동을 반영하게 됩니다. 이는 (분리감을 수용하는 것처럼 보이고, 분리된 내부의 자아인 척 가장하는) 몸에서 그물망처럼 연결된 긴장의 네트워크 형태를 취합니다. 세월이 흐르면서 이 긴장은 고질적인 것이 되고, 몸의 모든 수준에 남아 있게 되며, 우리의 자세와 몸짓, 움직임, 활동, 관계에서 드러나게 됩니다.

생각의 저항/추구 활동이 특정한 상황이나 대상, 관계를 얻어서 일시적으로 멈추면, 분리된 내부의 자아가 해소됩니다. 시간이 없는 바로 그 순간, 배후에서 내내 눈에 띄지 않은 채 자리하고 있던 평화와 행복이라는 우리의 참된 본성이 드러납니다.

이렇게 해소되면, 이전에는 분리된 내부 자아의 저항/추구 활동을 표현하는 데 관여했던 몸과 마음의 긴장이 잠시 풀려, 몸과 마음에 안도감과 이완이 밀려듭니다. 이는 단순히 고질적인 저항과 추구 활동이 중지된 여파이지만, 이 여파는 흔히 평화와 행복 자체로 오인됩니다. 이런 식으로 우리의 참된 본성인 조건 없는 평화와 행복은 몸과 마음의 대상이 되고 맙니다.

몸과 마음의 모든 대상은 애초부터 일시적이지만, 모든 사람은 영원한 평화와 행복을 추구합니다. 대다수 인류가 영원한 평화와 행복을 일시적인 대상—몸과 마음의 상태—에서 찾고 있습니다. 그러니 평화와 행복에 대한 추구는 실패할 수밖에 없습니다. 영적 추구도 세련된 형태일 뿐 마찬가지입니다.

대다수 인류는 끝없이 되풀이되는 불만족 상태에 있으며, 자신이 상상하는 형태로는 결코 찾을 수 없는 것을 찾고 있습니다. 그리하여 간간이 잠깐씩만 중단될 뿐 계속 반복되는 불만족의 악순환에 갇혀 있습니다. 우리는 간간이 짧게 찾아오는 이 불만족의 중단을 몸과 마음의 상태로 오해합니다. 그래서 이 불만족의 악순환은 끝없이 계속됩니다.

그 결과, 대다수 사람은 정도의 차이는 있지만 미묘한 갈등 상태로 살아갑니다. 이 갈등은 친구 관계나 친밀한 관계에서 작용하고, 각종 물질과 활동에의 중독으로 나타나며, 더 큰 규모로는 인간이라는 종과 지구 자체를 위협하는 행동들로 이어집니다.

16.
분리된 자아는 개체가 아니라 활동입니다

불행하거나 괴로운 경험을 겪게 하는 저항과 추구의 과정은 생각하고 느끼는 활동입니다. 분리된 자아는 개체가 아니라, 바로 이 저항하고 추구하는 활동입니다.

이렇게 저항하고 추구하는 활동이 끝나면, 겉보기에 분리된 내부의 자아도 끝이 납니다. 왜냐하면 이 활동은 우리의 참된 자기인 아는 **현존** 안에 나타나는 모습이며, 이 활동이 끝나면 남아 있는 것은 우리의 참된 자기뿐이기 때문입니다. 우리 자신인 아는 **현존**은 생각하고 느끼는 활동을 더는 알지 못하며, 그저 열려 있고 텅 빈 채로 있으면서 우리의 참된 자기를 알 뿐입니다. 우리의 참된 자기를 아는 이 단순한 앎, 우리 자신의 존재를 아는 단순한 앎이 바로 평화와 행복의 경험입니다.

이 경험은 시간이 없습니다. 생각이 없을 때는 시간도 없기 때문입니다. 사실, 평화와 행복, 아름다움과 사랑의 시간 없음은 누구나 겪는 익숙한 경험입니다. 우리가 '아름다움에 숨이 멎을 것 같았다'고 말할 때, 이 말의 진정한 뜻은 생각이 움직일 여지가 없는 완전한 침묵의 순간을 만났다는 것입니다.

생각이 없으면 저항이나 추구도 없으며, 따라서 상상된 내부의 자아도 없습니다. 내부의 자아가 없으면, 외부의 대상과 타인, 세계도 없습니다. 이들은 동일한 잘못된 믿음의 두 가지 측면이기 때문입니다. 남아 있는 것은 순수한 존재의 형언할 수 없는 친밀함뿐이며, 그것은 평화와 행복, 사랑 자체입니다.

평화와 행복은 상상된 자아의 소멸과 동의어입니다. 상상된 자아가 추구하는 평화와 사랑을 발견할 수 없는 것은 이 때문입니다. 추구하는 생각 바로 '뒤'에 늘 현존하는 평화와 행복, 사랑을 알거나 경험하지 못하도록 방해하는 것은 추구하는 활동 자체입니다. 하지만 상상된 내부의 자아는 추구를 멈출 수도 없습니다. 상상된 내부의 자아는 불행 자체입니다.

평화와 행복, 사랑—우리 자신의 존재를 아는 단순한 앎—은 분리된 내부의 자아인 활동의 소멸입니다. 그것이 바로 분리된 자아가 행복을 경험할 수 없는 이유입니다. 분리된 자아는 마치 불과 하나 되기를 갈망하며 불을 추구하는 나방과 같습니다. 불꽃에 닿는 순간, 나방은 죽습니다. 나방의 죽음이 곧 불꽃과 하나 됨입니다. 나방은 불꽃이 됩니다. 그것이 불꽃을 아는 유일한 방법입니다.

분리된 자아는 평화와 행복, 사랑을 경험할 수 없습니다. 오직 그 안에서 죽을 수 있을 뿐입니다.

나방과 불꽃처럼, 우리가 자신이라고 상상하는 분리된 자아는 불꽃에 닿는 순간 불꽃이 됩니다. 시간이 없는 그 순간, 추구/저항은 끝나고, 상상된 내부의 자아도 함께 끝이 납니다. 남아 있는 것은 상상된 자아를 불사른 불꽃뿐입니다. 남아 있는 것은 우리의 본질적인 존재뿐입니다.

사실, 우리는 어떤 것도 되지 않습니다. 우리의 정체성—우리가 알아보든 못하든 늘 똑같은 아는 **현존**—을 분리되고 제한된 개체로 보이게 하던 믿음과 느낌이 벗겨져, 우리의 정체성이 자연 상태로 돌아오는 것일 뿐입니다. 자연 상태에는 저항감이나 추구가 없습니다.

남아 있는 것은 경험의 이음매 없는 친밀함뿐입니다. 거기에는, 생각이 일어나서 내부의 자아를 분리하여 외부의 대상이나 타인, 세계를 만들어 낼 수 있는 시간이 존재하지 않습니다. 바로 그 시간 없는 곳에 우리가 갈망하는 평화와 행복, 사랑이 있습니다. 평화와 행복, 사랑은 모든 경험의 한가운데에서 빛나며, 그저 인식되기만을 기다립니다.

・・・

상상된 자아를 경험의 작은 한 구석—몸과 마음이라고 불리는 생각과 감정의 이 작은 집합—에 국한하는 믿음과 느낌이 그 자아에게서 벗겨질 때, 그 자아는 유일하게 존재하는 참된 자기로서 드러나며, 이 참된 자기는 모든 경험에 친밀하고 동등하게 가득합니다.

우리는 그것이 되는 것이 아닙니다. 우리는 언제나 오직 그것이었습니다. 몸과 마음의 한계 안에 가둬 놓은 것처럼 보이던 속박에서 벗어나면, 참된 자기는 자기를 있는 그대로 알아봅니다. 우리 자신의 존재를 알아보는 이 단순한 인식이 평화와 행복, 사랑의 투명한 경험입니다.

몸과 마음은 다시 나타날 때 우리의 참된 본성인 평화로 가득합니다. 몸과 마음은 평화와 행복, 사랑의 이 시간 없는 경험으로 재조정되며, 그 결과로 온갖 기분 좋은 상태가 그런 경험들에 나타날 수 있습니다. 이러한 상태의 성질은 다양할 수 있습니다. 어떤 경우에는 비범하고 색다를 수도 있지만, 다른 경우에는 덜 극적이며 해체되고 녹아내리는 쪽에 가까울 수도 있습니다.

하지만 이런 상태들은 시간이 지나면서 자연스럽게 사라집니다. 만약 평화와 행복, 사랑을 그런 몸과 마음의 상태라고 믿는다면, 우리는 평화와 행복, 사랑이 몸, 마음과 함께 사라진다고 생각할 수밖에 없고, 다시 그것들을 찾아 밖으로 나갈 것입니다. 이런 추구는 분리된 자아를 다시 창조하게 되며, 그로 인해 우리의 참된 본성이 가려집니다.

많은 사람들에게는 깊은 잠이 우리의 참된 본성인 평화와 행복에 다가가는 주요 방법입니다. 깊은 잠을 잘 때 우리의 실제 자기는 상상되고 분리된 내부의 자아라는 짐을 자연히 벗게 됩니다. 그것이 바로 깊은 잠이 평화로운 까닭이며, 우리가 깊은 잠을 고대하는 이유입니다!

아침에 깊은 잠에서 깨어날 때 몸과 마음은 우리 참된 본성의 평화로 가득합니다. 하지만 대개 아침에 마음이 나타나면 새로운 회차의 저항과 추구가 시작됩니다. 이렇게 지금을 거부할 때 상상된 내부의 자아가 새롭게 창조되고, 깊은 잠 속에서는 존재했으나 이제는 평화에 대한 욕망으로 가려진 평화를 찾아, '머나먼 나라'—자기와 멀리 떨어진, 외부의 분리된 상상의 세계—로 다시 위험을 무릅쓰고 나가게 됩니다.

이것이 분리된 자아의 운명입니다. 그것은 평화와 행복, 사랑에 대한 만족할 줄 모르는 갈망으로 정의되며, 전통적으로 지옥으로 알려진 곳에서 살아갑니다. 그러나 지옥은 하나의 장소가 아닙니다. 그것은 상태입니다. 자기 자신을 다른 사람들, 세계와 단절되고 분리된 내부의 자아라 믿고, 존재하지 않는 미래의 평화와 행복, 사랑을 끝없이 추구하며, 자신의 활동으로 소모되고 유지되며, 한 가지 일—자신의 죽음, 자신의 소멸—에만 동등한 정도로 저항하고 갈망하며, 그리하여 자신을 끝없이 영속시키는 상태입니다.

어떤 이른바 영적 전통들은 이 갈망을 더 세련된 형태로 제도화하고, 더 미묘한 형태의 추구와 수행으로 지속시켜, 그 안에 내재한 상상의 자아와 불행이 영속되게 합니다. 조만간, 심한 고통을 통해, 지성을 통해, 혹은 아무런 명백한 이유 없이, 우리가 갈망하는 그것은 오직 그것에 대한 갈망에 가려져 있다는 사실을 분명히 깨닫게 됩니다.

어떤 사람들은 자신의 경험을 탐구하여 이런 결론에 이릅니다. 다른 사람들은 이러한 결론에 이른 뒤에 자신의 경험을 탐구합니다. 그런 일이 어떤 식으로 일어나는지는 중요하지 않습니다. 정말로 중요한 것은 우리가 자기 자신이라고 상상했던 분리된 자아는 전혀 존재하지 않고 한 번도 존재한 적이 없었다는 사실을 분명히 보는 것입니다.

분리된 자아가 사라지면, 참된 자기가 빛납니다. 그렇지만 이 참된 자기는 몸이나 마음 같은 개체나 대상이 아니며, 세계에 태어나 점점 늙어 가다가 죽을 운명인 것도 아닙니다.

우리는 하나의 분리된 아는 자, 느끼는 자, 사랑하는 자, 혹은 지각하는 자—모든 경험이 일어난다고 믿어지고 느껴지는 중심이나 장소—로서의 경험을 버립니다. 그리고 우리의 참된 자기는 무한하고 위치가 없으며, 모든 곳과 모든 것 안에 현존하고, 모든 모습과 친밀하게 하나이지만, 나타나는 어떤 것으로도 이루어지지 않고, 경험의 작은 한 구석에 국한되지 않으며, '지구 표면에 퍼져' 있으면서 모든 모습 있는 것과 동등하게 닿아 있음을 발견합니다.

이것은 새롭거나 낯선 느낌이 아닙니다. 오히려 친숙합니다. 우리는 그것을 항상 알고 있었습니다. 그것은 알아보는 것과 비슷합니다. 그것은 집처럼 느껴집니다.

17.
행복은 있지 않은 적이 없습니다

질문 제가 불행하다는 것은 자주 알아차리지만, 항상 행복을 찾고 있다고 느끼지는 않습니다.

평화와 행복이 없을 때 우리는 그것을 괴로움이나 불행으로 경험하며, 그럴 때는 언제나 평화와 행복을 회복하려는 추구가 따릅니다. 고통을 겪으면서 평화와 행복을 추구하지 않을 수는 없습니다.

우리 자신인 아는 **현존**은 어떤 것에도 저항하지 않으며, 어떤 것도 부족하지 않습니다. **앎**은 부족이나 저항을 전혀 알지 못합니다. 그렇다는 것을 우리의 경험에서 아주 쉽게 확인할 수 있습니다. 어떤 것을 경험하려면 그 모습 있는 것이 먼저 **앎** 안에 나타나야 하고, 그것이 **앎** 안에 나타나려면 **앎**이 이미 그것에 '예스'라고 말했어야 합니다.

앎을 우리의 몸이 앉아 있는 방의 빈 공간에 비유할 수 있습니다. 방의 공간은 본래 열려 있고 텅 비어 있습니다. 그것은 그 안에 나타나는 무엇에도 저항할 수 없습니다. 방 안에 나타나는 것은 무엇이든 이미 공간에 받아들여졌습니다. 이 열려 있음, 또는 그 안에서 일어나는 모든 일을 허용하는 것은 공간이 마음대로 켜고 끄는 성질이 아닙니다. 그것은 그 본성에 본래 있는 것입니다.

우리의 참된 자기인 아는 **현존**도 비슷합니다. 이 열려 있고 텅 빈 허용, 겉으로 보이는 모든 것에 대한 이 절대적인 '예스'는 우리의 참된 자기 자체이지, 그것이 하는 행위가 아닙니다.

앎은 오직 '예스'만 압니다. 그 안에서 생각이 일어나지 않는다면, '아니요'라고 말할 수 있거나 현재 나타나는 것이나 상황에 저항할 수 있는 것은 아무것도 없습니다. 생각이 일어나기 전에는 추구가 없고, 현재 상황에 대한 저항이나 다른 상황이기를 바라는 바람이 없습니다. 사실, 생각이 일어나지 않는다면, 경험은 너무나 친밀해서 몸이나 마음, 세계, 상황과 같은 '어떤 것'으로 알려질 수조차 없습니다.

말로 표현할 수 없고 순수하며 이음매 없는 경험의 친밀함만 있을 뿐입니다. 이 친밀함은 어떤 부족감도 들어설 자리가 없으므로 행복이라고 불립니다. 저항이 들어설 자리가 없으므로 평화라고 불립니다. 분리나 다름이 들어설 자리가 없으므로 사랑이라고 불립니다.

그러므로 평화와 행복, 사랑은 우리의 참된 자기인 **앎** 안에 본래 있는 속성이라고 말합니다. 사실, 그것들은 속성이 아닙니다. 평화와 행복, 사랑은 **앎**의 다른 이름, 참된 자기의 다른 이름일 뿐입니다.

• • •

질문 평화와 행복이 우리의 참된 본성 안에 본래 있다면, 어째서 항상 경험되지는 않을까요?

평화와 행복, 사랑이 늘 현존하는데도 우리는 왜 그것을 경험하지 못하는 것일까요?

그것은 아는 **현존** 안에 나타나는 하나의 생각 때문입니다. 이 생각은 우리가 우리의 생각과 감정, 감각이나 지각이며, 그런 생각과 감정, 감각과 지각을 아는 **현존**이 아니라고 말합니다.

이러한 생각이 일어나면, 우리는 이제 아는 **현존**으로 존재하지 않는 것 같고, 자신이 아는 **현존**이라는 것을 더는 알지 못하는 것 같습니다. 대신에 몸과 마음이라는 제한되고 특정 위치에 있는 개체가 되는 것처럼 보입니다. 아는 **현존**에 본래 있는 속성인 평화와 행복, 사랑이 이 생각으로 인해 가려집니다.

우리는 실제로는 아는 **현존** 아닌 적이 한순간도 없으며, 우리 안에 본래 있는 속성들이 실제로 사라지지도 않습니다. 하지만 우리는 자신을 모든 경험의 배경과 한가운데에 가득한 평화나 행복으로 아는 대신에, 자신을 몸과 마음이라는 제한되고 특정 위치에 있는 대상으로 아는 것처럼 보입니다.

우리 자신은 아는 **현존**의 열려 있고 텅 빈 공간에서 제한된 대상으로 격하되고, 우리의 본성은 평화와 행복, 사랑이라는 본래 속성이 없는 것처럼 보입니다. 그리고 대신에, 제한되고 소멸하고 변할 수밖에 없으며 결국 죽어야만 하는 대상의 속성을 취하는 것처럼 보입니다.

하지만 평화와 행복, 사랑은 실제로는 전혀 사라지지 않습니다. 그것들은 모든 경험의 한가운데에 언제나 있습니다. 그것들은 분리된 내부의 자아를 특징짓는, 추구하고 저항하는 활동이 사라질 때 드러납니다. 시간이 없는 바로 그 순간, 우리의 참된 본성인 늘 현존하는 평화와 행복이 경험됩니다. 그것이 자기를 경험합니다.

평화와 행복, 사랑이 있을 뿐이며, 그것들은 가려질 뿐 없어지지는 않습니다.

• • •

질문 어떤 것을 얻을 때 행복하다고 느낄 때가 많고, 특히 사람과의 관계에서 자주 사랑을 느낍니다. 그러니 대상과 사람이 행복과 사랑의 원천이라고 결론짓는 것이 타당해 보입니다.

'나, 분리된 내부의 자아'라는 생각이 일어나면, 우리의 참된 자기인 아는 **현존**은 몸 안으로 수축되는 것처럼 보이고, 우리 자신의 존재를 아는 단순한 앎에 본래 있는 행복과 사랑이 당연히 가려집니다. 그러므로 우리의 참된 자기와 작은 한 부분의 배타적인 연합으로 생긴 상상된 내부 자아는 본래 불행할 수밖에 없으며, 잃어버린 행복과 사랑을 상상된 외부 세계에서 늘 찾고 있습니다.

이러한 추구는 몸과 마음에 영향을 미쳐 긴장되고 불안하고 불편한 상태에 빠지게 하며, 대상이나 관계를 얻어 그런 상태를 해소하고 싶어 하게 만듭니다. 많은 경우, 이렇게 불안하고 긴장된 상태는 그 사람의 주된 특징이 되며, 그의 삶 전체는 활동, 물질, 관계를 통해 이런 긴장 상태를 나름대로 해소하고자 합니다.

바라던 대상이나 관계를 얻으면, 이런 추구 활동은 잠시 멈추게 됩니다. 추구가 멈추면, 우리 참된 자기의 자연 상태인 행복과 사랑이 더는 가려지지 않게 되어 잠시 우리 경험에서 빛납니다. 사실, 행복과 사랑은 잠시만 빛나는 게 아닙니다. 마음이 없으면 시간도 없습니다. 행복과 사랑은 영원히 지금 빛납니다.

그렇지만 대상이나 관계를 얻어서 이런 행복이나 사랑이 생기는 것은 아닙니다. 그렇게 얻어서 추구가 잠시 멈추면, 추구에 따르는 긴장과 불안 상태도 멈추어, 그런 상태 뒤에서 조용히 자리하고 있던 행복과 사랑이 온전히 느껴지는 것입니다.

행복과 사랑은 사실 언제나 느껴지고 있지만, 분리된 자아라는 생각의 프리즘을 통해 갈망이나 욕망의 상태로 변조되어 경험됩니다. 그러므로 갈망과 욕망이라는 동요된 상태조차 실은 우리에게 본래 있는 행복의 표현입니다. 미움조차 사랑에서 나옵니다.

분리된 자아가 사라지면 몸과 마음의 긴장과 불안이 일시적으로 완화되어, 평화와 가벼움, 기쁨의 물결이 몸과 마음에 흐를 수 있습니다. 이 물결들은 투명하고 시간 없는 행복과 평화를 경험한 여파일 뿐, 그 자체로 몸이나 마음의 경험은 아닙니다.

몸과 마음이 우리의 참된 본성에 몰입되었다가 다시 나타날 때, 처음에는 이전에 존재했던 긴장과 불안이 말끔히 씻기고 기분 좋은 상태가 되는 듯할 때가 많을 것입니다. 그렇지만 만약 분리된 자아가 전혀 존재하지 않는다는 사실을 분명히 보지 못한다면, 상상된 자아를 대신해 새롭게 시작된 생각과 감정의 흐름이 저항과 추구라는 특성을 몸과 마음에 다시 새겨 넣을 것이고, 익숙한 긴장과 불안이 다시 나타날 것입니다.

만약 분리된 내부의 자아가 존재하지 않으며 언제나 존재하지 않음을 경험으로 분명히 안다면, 분리된 자아는 다시 창조되지 않을 것입니다. 그렇지만 그 상상 속 존재의 오래된 잔여물이 몸과 마음에서 즉시 씻겨 나갈 것이라는 뜻은 아닙니다.

그것은 바닷가에 밀려오는 물결이, 아이들이 그려 놓은 모래 위의 그림을 조금씩 지우는 것과 비슷합니다. 물결이 밀려올 때마다 그림의 일부가 지워지지만, 그림 선이 깊게 새겨졌다면 여러 번의 물결이 필요할 수도 있습니다.

마찬가지로, 분리된 내부의 자아를 대신하는 생각과 감정의 잔여물은 마음에, 특히 몸에 상처를 남기게 됩니다. 거기에 우리 참된 본성의 투명함과 열려 있음, 사랑이 충분히 가득 스며들기까지는 어느 정도 시간이, 어떤 경우에는 몇 년이 걸릴 수도 있습니다.

18.
욕망이 끝나기를 욕망하기

마음은 사랑과 행복이 무엇인지 전혀 모릅니다. 마음이 사라질 때, 늘 현존하지만 때로는 가려진 듯 보이는 사랑과 행복이 우리의 경험에 시간을 초월하여 빛나게 됩니다. 사랑과 행복은 마치 구름이 갈라질 때 태양이 잠시 빛나듯이 '잠깐' 빛나는 것이 아닙니다. 태양이 언제나 빛나고 있듯이 사랑과 행복도 언제나 빛나고 있습니다.

사랑과 행복의 경험은 언제나 시간이 없습니다. 언제나? 시간이 없다면 '언제나'가 어디에 있을까요? 지금? 시간이 없다면 '지금'이 어디에 있을까요? 마음은 시간 없음 안에서 헤엄치고 있지만, 이 시간 없음으로 갈 수는 없습니다. 생각은 사랑과 행복의 시간 없는 경험을 시간과 공간이라는 자신의 언어로 해석하지만, 그 경험을 하는 동안 생각은 현존하지 않았습니다. '짧은 순간'은 마음이 우리 참된 본성의 시간 없음과 함께 할 수 있는 최선입니다.

마음이 현존하지 않을 때, 경험을 '분리된 내부의 자아'와 '분리된 외부의 대상, 타인, 세계'로 나누는 것처럼 보이던 구분은 더이상 경험의 참된 본성을 가리지 못합니다. 그러므로 사랑과 행복은 외부의 대상, 타인, 세계를 알고 사랑하고 지각하는 내부 자아의 경험이 전혀 아닙니다. 사랑과 행복은 시간 없이 현존합니다.

사랑과 행복은 분리된 자아가 경험할 수 있는 것이 아닙니다. 사랑과 행복은 우리가 자신이라고 생각하고 느끼는 분리된 개체의 죽음 혹은 소멸입니다. 그것이 바로 우리가 사랑과 행복을 너무나 좋아하는 이유이며, 사랑과 행복이 몸과 마음에 그렇게 깊은 영향을 끼치는 이유입니다.

우리가 진실로 사랑하거나 갈망하는 것은 대상이나 사람이 아닙니다. 만약 대상이나 사람이 진실로 사랑과 행복의 원천이라면, 한번 얻고 나면 우리가 추구하는 사랑과 행복을 계속 전해 줄 것입니다. 사실, 더는 추구할 필요가 없을 것입니다! 하지만 한때 사랑과 행복을 주는 것처럼 보이던 대상이나 사람이 불행을 주는 듯한 원천으로 쉽게 변할 수 있다는 것을 우리는 아주 잘 압니다.

우리가 진정으로 바라는 것은 불안한 긴장 상태에서 벗어나는 것입니다. 긴장 상태는 너무나 오랫동안 몸과 마음에 퍼져 있었고, 우리 안에 늘 현존하는 사랑과 행복을 가린 것처럼 보였습니다. 우리는 갈망이 끝나기를 갈망합니다. 우리는 욕망이 끝나기를 욕망합니다. 즉, 우리는 오직 우리의 참된 본성인 평화와 행복, 사랑만을 원합니다.

모든 욕망은 우리가 떠난 것처럼 보이는 우리의 참된 자기로 돌아가고 싶은 욕망입니다.

・・・

우리의 참된 자기를 떠나 헤매는 자는 누구일까요?

명백히 우리의 참된 자기는 아닙니다. 아는 **현존**은 자기의 참된 본성인 평화 안에서 '늘' 쉬고 있습니다. 집을 떠나 '머나먼 나라'에서 헤매는 것 같기에 돌아가려고 애쓰는 것은 오직 상상된 자아일 뿐입니다. 상상된 자아의 관점에서 보면, 상상된 자아만이 유일한 진짜 자아입니다. 참되고 유일한 관점—그것은 관점이 아닙니다—에서 보면, 그런 상상된 자아는 없습니다. 오직 사랑이 있고, 사랑이 가려질 뿐, 사랑의 부재는 없습니다.

사랑과 행복이 가려지고, 상상된 외부 세계에서 사랑과 행복을 찾으려 하고, 이러한 추구가 실패하고, 마침내 사랑과 행복이 드러나는 메커니즘 전체를 분명히 보게 되면, 우리의 삶에 깊은 변화가 시작됩니다. 우리는 이전과 같은 요구와 기대로 대상과 타인, 세계를 대하지 않으며, 그로 인해 우리의 생각과 감정, 행위와 관계는 엄청난 부담에서 벗어나게 됩니다.

하지만 모든 욕망을 분리되어 있다는 믿음과 느낌의 표현으로 여기는 것은 오해일 것입니다. 모든 욕망이 그런 것은 아닙니다.

욕망의 본질적인 형태에는 두 종류가 있습니다. 한 가지 욕망은 '나, 분리된 내부의 자아'에서 시작되며, 언제나 대상이나 상황, 사람을 통해 사랑과 행복을 얻으려고 합니다. 다른 욕망은 우리의 존재에서 직접 시작되며, 분리감으로 인해 왜곡되지 않고, 모습의 세계에서 대상, 활동, 관계를 통해 자신을 표현하고 나누고 즐깁니다.

첫 번째 종류의 욕망은 사랑과 행복을 향해 나아가고, 두 번째 종류의 욕망은 사랑과 행복에서 나옵니다.

궁극에는 모든 욕망이 우리의 참된 자기인 평화와 행복, 사랑의 표현입니다. 하지만 이 사실이 분명히 이해되지 않으면, 사랑과 행복은 언제나 우리의 활동과 관계의 원천이 아니라 목표인 것처럼 보일 것입니다.

19.
추구의 실패

우리의 참된 자기가 제한되고 특정 위치에 있는 개체로 축소되는 것이 모든 심리적 불행의 원인입니다. 우리는 실제로는 제한되고 특정 위치에 있는 개체가 되지 않지만, 환상이 너무나 강력해서 대다수 사람은 생각이 우리 자신이라고 상상하는 분리된 개체를 대신하여 생각하고 느끼고 행동하고 관계하며 평생을 보냅니다.

우리의 참된 자기 안에 있는 평화와 행복은 우리의 존재를 있는 그대로 아는 앎, 자기를 아는 친밀한 앎에서 비롯됩니다. 이 앎은 지적인 용어로 표현될 수는 있지만 지적인 지식은 아닙니다. 그것은 생각이 일어나기 전, 우리 존재의 친밀함에서 비롯되는 앎입니다. 그 앎은 특별하거나 낯선 것이 아닙니다. 사실, 우리가 그것을 알지 못한다고 느끼는 이유는 생각이 이런 이해를 덮어 가려 버리기 때문입니다.

그러나 아무리 어두운 영상이라도 배경에 있는 스크린을 가릴 수 없듯이, 생각이 우리의 본성을 정말로 가릴 수는 없습니다. 만약 우리 참된 본성의 평화와 행복이 실제로 가려진다면, 우리는 무엇을 갈망해야 할지 모를 것입니다. 우리가 평화와 행복을 추구하게 되는 것은 우리의 가장 어두운 순간에도 평화와 행복의 빛이 빛나고 있기 때문입니다.

평화와 행복을 추구하는 것은 분리된 자아가 아닙니다. 분리된 자아는 하나의 대상(생각이나 느낌)이며, 대상은 행복을 추구할 수 없을 뿐 아니라, 아무것도 할 수 없습니다. 평화와 행복을 찾는 것 자체가 분리감을 통해 변조된 모습으로 나타난 평화와 행복의 경험입니다.

오직 행복이 있고 행복에 대한 갈망이 있을 뿐, 행복의 부재는 없습니다. 오직 사랑이 있고 사랑의 가려짐과 이후 사랑의 추구만 있을 뿐, 사랑의 부재는 없습니다. 이러한 이해는 "주여, 당신은 제가 당신을 사랑하는 그 사랑입니다."라는 기독교 기도문에 아름답게 표현되어 있습니다.

평화와 행복, 사랑에 대한 추구는 우리가 분리된 내부의 자아라는 믿음과 느낌에 내재해 있습니다. 행복을 물이 끓고 있는 냄비에 비유하면, 분리된 내부의 자아는 그 위에 꽉 덮인 뚜껑과 같습니다. 이 자아는 우리의 참된 본성을 제약하며, 가슴을 조이는 매듭과 같습니다.

냄비 안에 쌓이는 압력은 분리된 자아를 규정하는 저항과 추구의 본질적인 형태입니다. 그것은 우리가 행복을 얻으려 하면서 물질과 활동에 중독되는 현상의 근원입니다. 이 중독은 처음에는 가볍지만, 시간이 지나면서 점점 더 강해집니다.

　우리의 참된 자기는 자신이 모든 모습과 친밀하게 하나이지만 본래 그것들로부터 자유롭다는 것을 압니다. 우리의 참된 자기는 자신이 몸과 마음의 운명을 공유하지 않는다는 것을 비언어적인 방식으로 압니다. 우리는 밤에 잠들 때마다 이를 생생하게 경험합니다. 하지만 잠에서 깨면 복잡하게 추론하는 과정을 거치면서, 우리의 본성인 평화 안에서 깊이 휴식하는 잠의 경험을 잘못 해석하여, 그 경험이 제시하는 기회를 놓치고 맙니다.

　우리의 참된 자기는 몸이나 마음뿐 아니라 세상이나 다른 사람들에게도 원하거나 필요로 하는 것이 전혀 없으며, 그것들이 결국 맞이할 운명(소멸이나 죽음)도 두려워하지 않습니다. 왜냐하면 그것들의 운명은 자기의 운명이 아니라는 것을 알기 때문입니다. 우리의 존재가 분리되어 있다는 믿음과 느낌에 사로잡힐 때, 죽음이나 소멸의 두려움에서의 자유가 가장 먼저 가려집니다. 사실, 분리된 내부의 자아가 겉으로 하는 모든 활동의 목적은 이 죽음의 두려움을 덜어 내기 위한 것일 뿐입니다.

　행복의 추구와 죽음에 대한 두려움은 사실 같은 증상의 두 측면입니다. 그 증상은 상상된 내부의 자아입니다. 미래 세대는 언젠가 대다수 인류가 고통받는 원인이자 모든 심리적 불행의 주요 원인인 이 증상을 분리된 자아 증후군이라고 진단할지도 모릅니다.

겉보기에 분리된 내부의 자아는 자신의 바깥에 있다고 여기는 세계의 대상과 관계에서 행복을 얻으려 계속 애쓰며, 계속 괴롭히는 죽음의 두려움을 덜어 내기 위해 필사적으로 노력합니다. 이 두 불길 사이에서 분리된 자아가 타오릅니다.

・・・

조만간 우리는 이러한 회피와 추구의 활동이 실패할 수밖에 없다는 것을 깨닫기 시작할 것입니다. 희망을 잃거나 좌절하거나 절망할 때 그렇게 될 수 있는데, 이럴 때는 내부의 자아라는 환상을 지속시키는 평소의 사고 과정이 충족을 추구하며 나아갈 곳을 더는 찾지 못합니다.

이 경우에는 저항과 추구가 적어도 잠시라도 좌절되어, 모든 추구의 충동 뒤에 조용히 자리하고 있는 평화의 빛을 잠깐이라도 엿볼 수 있습니다. 다른 경우에는 자신의 경험을 조사하고 탐구하여 그렇게 잠깐 엿볼 수 있습니다. 만약 이렇게 탐구하는 동안 경험하는 사실들을 단순하고 정직하게 직면할 용기가 있다면, 회피하고 추구하는 생각이 다시 사라질 수 있습니다. 상상된 자아는 분명하게 간파되는 것을 견딜 수 없기 때문입니다. 이런 식으로 추구가 추구를 끝나게 할 것입니다.

또는 우리의 참된 본성을 맛보는 일—(분리된 자아라는 생각과 감정으로 인해 바뀌지 않은) 본성을 본성이 맛보는 일—이 뚜렷한 이유 없이 일어날 수도 있습니다. 이런 순간은 겉보기에 어떻게 시작되었든 간에 우리 삶에서 결정적인 순간입니다. 만약 우리가 이 순간의 중요성을 간과하고 습관적으로 생각하고 느끼는 방식으로 돌아가 버리지 않을 용기를 낸다면, 이런 맛봄은 분리된 자아가 끝나기 시작한다는 것을 알리는 신호가 됩니다. 그것은 집을 떠나 헤매던 탕자가 돌아서는 순간입니다.

수십 년 동안 우리는 갈망하는 평화와 행복, 사랑을 얻기 위해 몸과 마음, 세계의 대상들을 바라보았습니다. 이제 우리는 돌아서서, 유일하게 남아 있는 방향―찾고 있는 자 본인이라는 방향―을 살펴봅니다. 머리와 흉부에 거주하면서 우리의 생각과 감정, 활동, 관계를 지시하는 듯한 이 만족할 줄 모르는 자는 누구일까요?

우리는 생각과 감정, 감각, 지각을 통해 근원으로 거슬러 올라가면서, 그것들의 핵심에 있는 자를 찾기 시작합니다. 어떤 단계에서 이러한 탐구는 중대한 지점에 다다릅니다. 즉, 수십 년 동안 우리 삶의 중심이던 내부의 자아를 찾을 수 없다는 것입니다.

처음에는 탐구가 우리의 생각에 국한될 수 있지만, 분리된 자아가 마음속에 있지 않다는 사실이 분명해진 뒤에도 자아가 몸 안에 있다는 느낌은 대개 한참 동안 남아 있습니다. 사실, 상상된 내부 자아의 더 큰 부분은 이러한 느낌으로 이루어져 있습니다. 이런 깨달음은 자아가 몸 안에 있다는 느낌을 더 깊이 탐구하도록 촉진할 수 있습니다.

어느 순간, 분리된 내부의 자아가 가짜 자아라는 사실이 분명히 보입니다. 이 사실이 경험으로 이해된다는 말입니다. 그 자아는 존재한 적이 없습니다. 오직 아는 **현존**인 우리의 참된 자기만이 늘 있을 뿐입니다. 참된 자기는 무한하고 위치가 없지만, 그것이 몸과 마음 안에 있고 몸, 마음의 속성과 운명을 공유한다는 믿음과 느낌에 가려져 있는 듯 보입니다.

이 일은 처음에는 우리의 참된 자기로 돌아오는 것처럼 느껴질 수 있지만, 사실은 돌아오는 일이 없습니다. 돌아올 자가 어디 있겠습니까? 참된 자기로 돌아올 자는 상상된 자아입니다. 우리는 단 한 순간도 우리의 참된 자기 아닌 다른 것이었던 적이 없습니다. 즉, 그것은 단 한 순간도 자기 아닌 다른 것이었던 적이 없습니다.

그것은 '우리의' 자기조차 아닙니다. 그 자기가 속할 '나'가 없기 때문입니다. 그것은 비개인적입니다. 일어난 일은 우리의 본질적인 존재가 그 위에 덧씌워진 믿음과 느낌의 층들을 벗은 게 전부입니다.

그조차 진실은 아닙니다. 스크린 위에 나타난 영상은 (스크린을 다른 것처럼 보이게 하더라도) 스크린을 조금도 가리지 못합니다. 분리된 개체라는 믿음과 생각도 그와 같습니다. 그것들은 우리의 참된 본성을 가리는 것처럼 보이지만, 실제로는 가리지 못합니다. 그러나 환상은 몹시 강하며, 우리가 평화와 행복, 사랑을 잃어버렸고 그것들을 대상과 활동, 관계에서 찾아야 한다고 믿게 할 만큼 강합니다.

이 점을 이해하면 내부의 자아는 전혀 존재하지 않으며, 존재한 적도 없다는 것을 분명히 보게 됩니다. 이러한 이해에 붙인 이색적인 이름이 깨달음 혹은 깨어남입니다. 하지만 그것은 그저 우리 자신의 존재를 아는 앎이며, 자기를 아는 그것의 앎일 뿐입니다. 그것은 무지의 끝, 우리의 참된 본성을 모르는 무지의 끝입니다.

• • •

이러한 이해는 오래전부터 외국의 문화에서 많이 탐구되고 설명되었습니다. 그래서 그런 이해가 표현되는 문화의 성향과 많이 연관되었습니다. 그런 표현이 가리키는 진실의 보편적 본성을 문화의 성향과 분명히 구별하지 않을 때는 많은 오해가 생길 수밖에 없었습니다.

가장 큰 오해 가운데 하나는, 분리된 내부의 자아가 없다는 사실이 분명해지면, 오랜 세월 몸과 마음을 지배하던 무지의 표현들이 즉시 끝날 것이라는 믿음입니다. 그렇지 않습니다.

몸과 마음은 아주 훌륭한 하인입니다. 몸과 마음은 훈련받은 대로 합니다. 몸과 마음은 상상된 내부의 자아를 섬기도록 수십 년 동안 훈련받았으며, 대다수 사람의 생각, 감정, 행동과 관계는 이 상상된 자아의 끝없는 요구를 따르는 데 헌신합니다. 그런 자아가 없다는 사실이 분명해지면, 그 자아에 대한 믿음은 더는 연료를 공급받지 못하지만, 그 자아를 대신하여 생각하고 느끼고 행동하고 관계하는 오래된 습관은 한동안 지속될 수밖에 없을 것입니다.

분리된 내부의 자아가 없다는 것을 경험으로 이해하면, 하나의 장이 끝나지만, 이러한 경험적 이해가 몸과 마음에, 나아가 세계에까지 스며들게 하는 다른 장이 시작합니다.

분리되어 있다는 믿음, 이런 믿음이 우리의 생각에 나타난 수많은 방식은 대개 우리의 새로운 경험적 이해로 인해 비교적 빨리 사라지지만, 우리가 몸을 느끼고 세계를 지각하는 방식은 보통 더 긴 시간이 걸립니다.

자신이 분리된 자아라는 감각은 수십 년에 걸쳐 몸 안에 느낌의 층들로 겹겹이 쌓였습니다. 이러한 층들이 이해의 빛에 노출되고 느슨해지면서 '이것이 나다'라는 느낌이 해체되려면 시간과 용기, 민감함이 필요합니다. 마찬가지로, 견고해 보이고 자기와 다른 것으로 보이는 세계가 '이것은 내가 아니다'라는 느낌을 포기하고, 우리 자신의 친밀한 존재의 빛이 변조된 것으로 드러나는 데는 시간이 걸립니다.

우리는 우리의 존재가 몸과 마음에 속하는 특징들, 즉 특정 위치에 있고, 일시적이고, 제한되고, 견고하며, 태어난 뒤 죽는 특징을 가지고 있다고 오랫동안 믿었습니다. 이제 이러한 배타적인 연합을 버렸기에, 몸과 마음, 그리고 세계에까지 우리의 참된 자기 안에 본래 있는 성질들이 스며들기 시작합니다. 모든 모습이 끝없이 **현존**으로 녹아들면서 몸과 마음, 세계는 점점 밝아지고 열리고 비어 있고 투명하며 평화로워집니다.

모든 것이 우리 존재의 빛으로 빛나기 시작합니다. 이것이 바로 기독교 전통에서 말하는 변용(變容)의 뜻입니다.

4부

몸

20.
몸 안의 분리감

분리감[9]은 우리 자신을 하나의 몸과 배타적으로 동일시하는 생각에서 시작됩니다. 이러한 생각이 일어나는 순간(그 생각은 항상 지금 일어납니다), 우리의 참된 본성인 투명한 **현존**은 조밀하고 견고한 물질적 자아가 되는 것 같습니다. 즉, 몸이 되는 것 같습니다. 우리는 자신이 특정 위치에 있는 자아라고 생각할 뿐만 아니라, 그렇게 느낍니다.

상상된 내부의 자아를 중심으로 돌아가는 모든 생각은 분리감이 해소된 뒤에도 오래 지속되는 여파나 흔적을 몸에 남깁니다. 이런 식으로 몸은 분리감의 안전한 피난처가 됩니다.

우리는 **앎**의 무한한 본성에 관해 끝없이 이야기할 수 있겠지만, 분리된 내부의 자아는 그동안 내내 몸 안에 편안하게 앉아 있습니다. 사실, 모든 것이 **앎** 안에서 일어나고, 분리된 개체가 없으며, 아무것도 할 일이

---

9   자신이 다른 모든 것과 분리되어 있다는 느낌.―옮긴이

없고 그렇게 할 사람도 없다는 식으로 앎의 본성에 관해 끝없이 얘기하는 것은, 완전히 정직하게 직면하기에는 너무 불편한, 훨씬 깊은 분리감을 감추는 연막이 될 수 있습니다.

많은 경우, 내부의 자아는 '모든 것이 앎이고, 여기에는 아무도 없으며, 아무것도 할 일이 없다'라는 이해를 도용하여, 우리의 훨씬 깊은 분리감과 불행감 위에 얇은 판처럼 덧붙여 겉치장을 했습니다. 이리하여 비이원론이라는 새로운 종교가 생겼습니다.

상상된 자아는 짜증, 슬픔, 결핍감, 불안, 외로움 같은 감정들이 여전히 지속되는 원인을 설명하고, 그런 감정들을 새롭게 깨달은 상태와 양립시키기 위해 복잡한 추론 행위를 거칩니다. 그 뒤, 이 모든 감정은 단지 앎 안에서 일어나고 앎으로 이루어진 것이라며 자신을 설득합니다. 행복과 불행은 앎 안에서 동등하게 나타나는 것이므로 둘 중에 선택할 것이 없다고 여깁니다. 이런 식으로 분리된 내부의 자아는 몸 안에 숨겨진 채 그대로 남아서, 알지 못하는 사이에 우리의 생각과 감정, 행위와 관계를 좌우합니다.

조만간 그 얇은 판은 갈라지면서 그 밑에 있는 분리된 자아를 드러내기 시작합니다. 그러면 우리는 몸의 더 깊은 수준에 자리한 분리감을 조사해 볼 수 있습니다. 여기에는 분리된 내부의 자아인 척 가장하는 모든 감각을 탐구하는 것이 포함됩니다. 처음에는 이런 감각들이 '나, 생각하는 자'와 '나, 느끼는 자 혹은 사랑하는 자'가 살고 있다고 느껴지는 머리와 가슴의 주요 부위에 있는 것 같습니다. 우리가 몸 안의 '나'라는 감각에 더욱 민감해지면 느낌의 더 깊은 층들이 드러나며, 이윽고 이 모든 층은 **앎**의 빛 속으로 떠오르게 됩니다.

분리된 자아는 우리가 주의를 기울이지 않을 때 번성하며, 몸 안의 이 깊고 어두운 감정의 층들은 그 자아의 이상적인 은신처입니다. 분리된 내부의 자아는 사실 그저 '나'라는 이야기가 붙은 신체 감각일 뿐입니다. 그 이야기를 벗겨내면, 그런 감각 자체는 자동차 소리나 하늘의 풍경이 그렇듯이 '나'나 '나 아닌 것'이 아닙니다. 하지만 이 사실을 분명히 보지 못하면 몸을 '나'라고 여기는 느낌이 오래갑니다.

분리된 '나'라는 느낌이 유일하게 견디지 못하는 것은 그것을 분명히 보는 것입니다. 이러한 느낌들이 우리 존재의 빛에 노출되면, 그런 느낌들은 '나'라는 동일시를 잃고, 본래 그것인 순수한 감각으로 보입니다.

시간이 지나면서 이런 감각들은 하늘에 떠 있는 구름처럼 우리의 아는 **현존** 안에 떠 있는 것으로 경험됩니다. 그 감각들은 점점 더 뚜렷한 윤곽과 조밀함, 대상성을 잃고, 우리 존재의 빛으로 가득해져 점점 그 빛과 구별되지 않게 됩니다.

몸은 점점 우리 존재의 투명함과 빛, 사랑으로 가득해집니다.

21.
몸에 관한 지각

몸에 관한 우리의 실제 경험은 감각이나 지각의 형태로 옵니다. 우리는 흔히 몸을 윤곽이 뚜렷하고, 견고한 실체이며, 내부 장기들을 담고 있고, 수십 년 동안 존재했다고 여깁니다. 하지만 그런 몸은 실제로 경험되지 않습니다.

그런 몸에 관한 관념과 이미지가 있지만, 몸은 분명히 관념이나 이미지가 아닙니다. 몸에 관한 우리의 실제 '경험'은 몸에 관한 우리의 관념과 일치하지 않습니다. 그러니 이러한 관념과 이미지들을 제쳐 놓고 곧장 실제 경험으로 들어가 봅시다.

몸에 관한 시지각(시각을 통한 지각)부터 시작해 봅시다. 어떤 순간에도 시지각은 몸에 관한 일반적인 이미지와 일치하지 않습니다. 어떤 순간이든 우리는 일반적으로 생각되는 몸의 한 부분만을 볼 뿐입니다. 일반적인 몸의 이미지는 그런 부분들의 집합, 기억에서 도출되는 순간적인 지각들의 집합이며, 응집된 견고한 몸으로 보이도록 짜맞추어진 것입니다.

그런 몸은 기억에 기반한 콜라주[10]이며, 견고하고 오래가고 영구적이며 현실적인 인상을 주는 방식으로 배열된 것입니다. 그런데 우리는 이런 일반적인 이미지가 나타내는 몸을 실제로 경험한 적이 없습니다. 그것은 의심할 여지 없이 가치 있는 이미지이지만, 우리의 실제 경험과 일치하지는 않습니다.

우리는 몸을 우리가 지각하는 한 부분이나 순간적인 이미지로 경험하지도 않습니다. 우리는 몸을 실재하며 전체인 것으로 경험합니다. 몸의 실재성과 전체성은 어디에서 올까요? 그것은 이미지나 관념, 기억, 지각에서 올 수 없습니다. 어떻게 전체성이 부분에서 올 수 있겠습니까?

몸의 전체성에 관한 우리의 '실제 경험'을 설명하기 위해, 생각은 기억에 의지하여 일련의 지각들을 짜맞추고, 이러한 실재성을 나타내는 몸의 이미지를 구성합니다. 몸을 응집된 전체로 보는 일반적인 이미지는 우리가 실제로 경험하는 몸의 참된 실재성과 전체성을 그림으로 재현한 것입니다.

이런 실재성과 전체성은 생각과 이미지, 지각으로 이루어진 것이 아닙니다. 우리의 몸이 하나의 이음매 없는 전체라는 감각은 우리 본질적 존재의 이음매 없음과 친밀함에 대한 우리의 친밀한 직접 경험에서 나옵니다

---

10   화면에 여러 가지 물건을 붙여서 구성하는 콜라주 기법으로 제작된 작품.—옮긴이

다. 몸의 실재성과 전체성은 **앎**의 참되고 유일한 실재성이 반영된 것입니다. 그 위에 몸을 구성하는 다양한 감각과 지각이 덧씌워져 있었습니다. 다시 말해, 몸은 그 자신의 전체성과 실재성을 **앎**에서 빌려오며, 세계도 마찬가지입니다.

・・・

몸은 따로 떨어져 있는 것으로 보이지 않습니다. 몸은 세계의 모습들까지 늘 포함하는 전체 시야의 한 요소일 뿐입니다. 그리고 전체 시야는 어느 순간이든 하나의 이음매 없는 전체이며, 오직 봄(seeing)으로만 이루어집니다.

현재 눈으로 지각되는 장(場)을 인위적으로 다양하고 많은 대상, 뚜렷한 윤곽을 가지면서 따로 분리된 대상들로 나누는 것은 단지 생각일 뿐입니다. 몸은 그런 대상 중 하나입니다. 경험 자체는 자기를 별개의 분리된 대상들로 나누는 구분을 알지 못합니다. 경험은 오직 봄의 이음매 없는 친밀함, 자기의 이음매 없는 친밀함만을 알 뿐입니다.

봄의 전체 장(場)은, 스크린이 하나의 이음매 없는 전체이듯이, 분리된 부분이 없는 하나의 이음매 없는 전체입니다. 스크린을 다양하고 많은 대상—사람, 꽃, 나무, 언덕, 하늘, 새 등등—으로 나누는 것은 단지 생각일 뿐입니다.

이러한 상상된 대상들 가운데 하나의 관점에서 보면, 자기를 포함한 그 모든 것은 그 자체로 실재합니다. 하지만 유일한 실제 관점—사실은 '하나의 관점'이 아닌—인 스크린의 관점에서 보면, 분리되고 독립해 있으면서 실재하는 대상들은 없습니다. 스크린만 있을 뿐입니다.

봄이 전체 장(場)의 한 부분에 위치한다고 생각하는 것은 마치 스크린이 그 위에 나타나는 대상들 중 하나에만 위치한다고 상상하는 것과 같습니다. 봄의 순수한 친밀함은 분리된 대상들을 보지 못합니다. 그것은 스크린이 자기만을 알듯이, 봄의 이음매 없는 친밀함만을 알 뿐입니다.

몸과 세계는 분리된 자아의 상상된 관점에서만 몸과 세계입니다. 일반적으로 생각되는 것과 같은 몸이나 세계는 있지 않다는 사실을 보게 되면, 이런 상상된 관점은 사라지고 경험의 이음매 없는 온전함이 회복됩니다. 즉, 사랑이 회복됩니다.

이는 경험이 실제가 아니라는 말은 아닙니다. 경험은 분명히 실제이며 부정할 수 없습니다. 부정되는 것은 생각이 경험 위에 덧씌우는 해석이며, 이 해석은 경험이 나타나는 방식에 깊은 영향을 미칩니다.

분리된 자아가 축소되어 분리된 몸으로 제한되려면, 생각이 먼저 일어나서, 우리 자신인 아는 **현존**은 봄의 전체 장에 똑같이 퍼져 있는 것이 아니라 그중 작은 한 조각, 우주의 한 구석인 '몸'에만 퍼져 있다고 믿어야 합니다.

이 생각으로 인해, 우리 자신의 존재로 친밀하게 가득한, 이음매 없는 순수한 봄은 두 가지 본질적인 요소—우리의 참된 자기인 아는 **현존**으로 가득한 부분, 그렇지 않은 부분—로 나뉩니다. 이것이 순수한 경험의 이음매 없는 친밀함이 나뉘는 최초의 분열입니다.

이 순간, 우리의 참된 자기인 아는 **현존**은 하나의 몸이 되는 것 같고, 다른 모든 것—다른 몸들, 사물들, 세계—은 우리 자신 아닌 모든 것이 되는 것 같습니다. 생각이 경험의 이음매 없는 친밀함을 몸과 세계로 한 번 나누어 버리면, 경험을 다양하고 많은 대상으로 더욱 나뉘는 길이 열려 '만물'이 생겨납니다.

이렇게 이음매 없는 친밀함 또는 사랑이 상실될 때, 우리가 일반적으로 생각하는 몸과 세계, 즉 분리되고 독립해 있고 견고하고 영구적인 물질적 대상들이 태어납니다. 이러한 믿음이 자리 잡으면, 모든 경험은 그 믿음에 맞게 나타나며 그 믿음을 입증하고 뒷받침할 것입니다.

이러한 본질적인 믿음은 몸에 스며들고, 시간이 지나면서 서로 얽혀 있는 감정들의 그물망으로 배가되며, 결국 우리의 행위와 관계에서 표현됩니다. 그 결과, 우리 자신의 몸, 우리가 그 안에서 행동하는 세계, 우리가 관계하는 사람들 모두 친밀함 또는 사랑의 본질적인 상실을 완벽하게 반영합니다.

• • •

일반적으로 인식되는 세계는 몸과 같이 일련의 순간적인 지각들로 구성된 추상적인 것입니다. 하지만 우리는 그런 세계를 경험하고 있는 현실성은 부정할 수 없습니다. 이런 현실성은 어디에서 오는 걸까요?

그 자체로 실재하는 것은 사라질 수 없습니다. 왜냐하면 어떤 것이 사라져 다른 무엇으로 돌아간다면, 남아 있는 것이 사라진 것보다 더 실재하기 때문입니다. 예를 들어, 빵은 토스트보다 더 실재합니다. 토스트는 빵이 취할 수 있는 이름과 형태 가운데 하나일 뿐이기 때문입니다. 우리는 빵이 토스트의 실체라고 말할 수 있습니다. 그러나 밀가루는 빵보다 더 실재합니다. 빵은 밀가루가 취할 수 있는 이름과 형태 가운데 하나일 뿐이기 때문입니다. 밀가루는 빵의 실제 본질입니다. 그렇지만 밀은… 이런 식으로 우리는 계속 거슬러 올라갈 수 있습니다.

하지만 어느 지점에서 우리는 끝을 맞이하게 됩니다. 어디에서 끝날까요? 모든 대상이 단순히 이름과 형태인 세계의 궁극적인 실체는 무엇일까요? 대상이나 세계에 관해 우리가 유일하게 아는 것은 지각입니다. 지각에 관해 우리가 유일하게 아는 것은 지각하는 경험이며, 지각할 때 유일하게 현존하는 실체는 우리 자신의 존재, 앎입니다.

앎은 모든 경험에서 아는 요소이며, 우리가 세계에 관해 아는 모든 것은 그것을 아는 앎입니다. 사실, 우리는 세계를 그 자체로 알지는 못합니다. 우리는 앎을 알 뿐입니다. 그런데 앎을 아는 것은 무엇일까요? 앎은 바깥에 있는 것, 자기 아닌 것에 의해 알려지지 않습니다. 앎이 자기를 압니다. 앎이 앎을 압니다. 경험함이 경험함을 경험합니다.

그러므로 우리가 세계를 경험할 때, 결국에는 **앎**이 자기를 알 뿐입니다. 그것이 지금까지 알려지거나 경험된 전부입니다.

22.
몸에 관한 감각

몸에 대한 시지각을 탐구했으니, 이제는 몸의 실제 감각을 살펴봅시다. 왜냐하면 몸이 가장 실재하는 것 같고 가장 '나 자신' 같다고 느껴지는 형태는 이 감각이기 때문입니다.

몸에 관한 생각이나 이미지, 기억이 아닌 몸의 순수한 감각만을 탐구하기 위해 눈을 감아 봅시다. 생각이나 기억을 참조하지 않는다면, 이 감각의 본질은 무엇일까요?

눈을 감으면, 우리가 몸에 관해 유일하게 아는 것은 신체 감각뿐입니다. 사실, 생각이나 기억을 참조하지 않으면, 우리는 몸을 그 자체로 알지 못합니다. 현재의 감각만을 알 뿐입니다. 생각만이 이 감각에 '몸'이라는 꼬리표를 붙입니다. 그런 생각이 없다면, 그것은 하나의 감각에 불과합니다. 감각이라는 말조차 너무 많이 말하는 것입니다. 생각이 없다면, 우리는 현재의 경험이 '감각'인지도 알 수 없습니다. 그것은 그저 이름 없고 친밀한 날것의 경험일 뿐입니다.

이 책을 내려놓고, 눈을 감은 뒤, '내 몸'이라고 불리는 감각을 마치 난생처음 경험하듯이 경험해 보십시오.

이 감각을 그림으로 그린다면, 그것은 어떤 모습일까요? 뚜렷한 윤곽이 있을까요? 견고하고 조밀할까요?

이 현재의 감각은 서른 살, 마흔 살, 일흔 살인가요, 아니면 지금 나타나고 있나요? 현재의 감각은 남성인가요, 여성인가요? 국적이 있나요? 현재 감각의 무게는 얼마인가요? 사실, 우리가 무게를 경험하나요? 무게 자체는 그저 하나의 감각 아닌가요? 그 감각은 전혀 무게가 나가지 않습니다.

현재의 감각은 '나'라는 꼬리표가 붙은 채로 오나요? 생각이 감각에 붙인 '나'라는 꼬리표를 제외하면, 실제의 '나'는 어디에 있나요? 이 감각을 '나'라고 규정하는 그것은 무엇인가요? 그것은 그저 생각일 뿐입니다. 그런데 이 생각은 어디에서 권위를 얻나요? 경험에서 얻는 것은 명백히 아닙니다! 경험은 아주 다른 이야기를 들려줍니다.

· · ·

의자 위에 앉아 있는 자기 몸의 현재 경험으로 가 보세요. 의자처럼 보이는 것 위에 앉아 있는 몸처럼 보이는 것에 관해 우리가 유일하게 아는 것은 현재 감각뿐입니다. 그 감각으로 가 보세요.

몸과 의자가 그 '하나의' 감각에 둘 다 있다고 느껴지지 않나요? 그 감각을 의자로 보면 '나 아닌 것'으로 여겨집니다. 그 감각을 몸으로 보면 '나'인 것으로 여겨집니다. 그 감각은 둘 중 무엇인가요? 둘 다일 수는 없습니다. 그 감각은 두 가지, 즉 몸이면서 의자일 수는 없습니다. 우리 경험에서는 그것이 하나의 감각이기 때문입니다. 만약 그것이 동시에 몸이면서 의자일 수 없다면, 그것은 몸일 수도 없고 의자일 수도 없습니다. 하나는 다른 것과 대비되어야만 의미를 갖기 때문입니다.

직접 경험에서는 그 감각이 몸도 아니고 마음도 아님을 분명히 보세요. 실제 경험에서는 몸도 의자도 없으며, 이 감각이 있을 뿐입니다. 몸과 의자는 생각이 경험 위에 덧씌운 추상적인 관념입니다.

이렇게 덧씌우기 전, 그리고 사실 그러는 동안, 실제 경험 자체는 무엇인가요? 생각이 그 경험에 이름을 붙이려 하는 순간, 우리는 다시 추상적인 관념으로 들어갑니다. 생각은 경험의 핵심으로 갈 수 없으며, 그것을 '어떤 것'이라고 알 수도 없습니다.

경험 자체는 너무나 친밀하고 너무나 가깝습니다. 우리는 경험을 벗어나 물러설 수 없고, 경험과 거리를 두고 바라보면서 그것을 몸이나 의자, 물건, 사물로 보거나 알 수도 없습니다. 상상된 자아만이 그렇게 할 수 있지만, 자신의 상상으로만 그럴 수 있습니다!

그 감각은 실제로는 단지 날것의, 이름 없는, 친밀한 경험입니다. 그것은 앎 혹은 경험으로만, 곧 우리의 참된 자기인 아는 **현존**으로만 이루어져 있습니다. 모든 경험이 그와 같습니다. 의자뿐만 아니라 들판, 거리, 별, 사람, 집, 자동차… 모든 것이!

이 경험의 이음매 없는 친밀함을 두 부분으로, '나'와 '나 아닌 것'으로, 알거나 보는 부분과 알려지거나 보이는 부분으로 나누는 것은 생각일 뿐입니다. 이런 구분은 모든 경험의 참된 친밀함―모든 경험의 자연 상태인, 거리, 분리, 다름이 전혀 없음―을 가리고, 마치 경험이 알고 느끼고 지각하는 '나'와 알려지고 느껴지고 지각되는 대상, 타인 혹은 세계로 이루어진 것처럼 보이게 합니다.

• • •

'몸'이라고 불리는 날것의 감각을 느껴지는 대로 그려 보세요. 이미지나 기억, 관념을 참조하지 말고, 지금 이 순간에 직접 느끼는 감각만을 바라보세요. 당신의 그림은 은하수와 조금 비슷하게, 빈 공간에 떠 있는 점들이 일정한 모양 없이 무리를 지은 모습일 수 있습니다. 사실, 그것은 대부분 빈 공간입니다.

당신 현존의 빈 공간이 그 감각에 스며들어 속속들이 깊이 퍼지도록 허용해 보세요. 그 공간이 어느 정도 저항이 일어나는 영역들까지 스며들도록, 대상으로 보이고 조밀해 보이고 '이것은 나다'라고 느껴지는 곳까지 스며들도록 시간을 주세요.

당신의 존재인 이 빈 공간이 현존하면서 알고, 사랑이며 순수한 친밀함임을 느껴 보세요. 이 빈 공간은 접촉하는 모든 것을 사랑합니다. 이 빈 공간이 어떤 것을 알 수 있는 유일한 방법은 그것을 사랑하는 것입니다.

당신 자신의 존재인 텅 빈 사랑의 공간은 그것이 닿는 모든 것을 자기 자신으로 변화시킵니다. 이 사랑이 겹겹이 쌓인 저항과 억압의 층에 스며들도록 허용하세요.

몸은 우리의 모든 상처, 거부, 실패, 두려움, 원망이 저장된 창고입니다. 그것들은 생각이 잊어버린 지 오랜 뒤에도 그대로 남아서 몸에 겹겹이 쌓여 있습니다. 사실, 이런 오래된 감정들은 몸을 너무나 깊숙이 잠식하여, 대다수 사람의 몸에 긴장과 수축이 촘촘하지 자리할 정도가 되었습니다.

이런 긴장과 수축의 층들은 몸의 본래 투명함-열려 있음을 가리고, 마치 분리된 내부의 자아가 몸 안에 거주하는 듯한 인상을 줍니다. 그것들은 지하실에 쌓인 낡은 종이 더미처럼 색이 바려 알아볼 수 없게 되었습니다. 그것들은 한때 의미를 갖게 해 준 기억들과의 연결고리를 오래

전에 잃어버렸고. 이제는 이해할 수 없는 감정들의 잠자는 덩어리로 경험될 뿐입니다.

이것들은 대부분의 시간 동안 잠자는 상태에 있을 수 있지만, 예기치 못한 때에 이성적이지 않은 이유로 촉발될 수 있으며, 분리된 내부 자아의 잔재를 우리 안에서 반복하여 드러낼 수 있습니다.

• • •

피부 감각으로 가 봅시다. 우리는 보통 몸을 피부로 된 그릇으로 여기며, 몸을 이루는 모든 감각이 몸에 수용된다고 생각합니다. 하지만 눈을 감으면, 우리가 피부에 관해 유일하게 아는 것은 그 자체로 감각이며, 우리는 다른 감각 안에서 나타나는 하나의 감각을 경험하지 않습니다. 피부를 포함한 이 모든 신체 감각은, 이 페이지 위에 떠 있는 일정한 모양 없는 점들의 무리처럼, 우리의 아는 **현존**이라는 빈 공간에 떠 있습니다.

우리 **현존**의 빈 공간은 감각을 둘러싸고 있을 뿐만 아니라 감각에 가득하다는 것을 분명히 보세요. 감각이 떠 있는 이 공간은 죽어 있는 공간이 아니라, 아는 공간입니다. 그것은 **앎**으로 가득하며 앎의 빛으로 가득합니다. 그것은 **앎**의 빛이며, 우리 존재의 빛입니다.

상대적으로 말해 태양의 빛이 사물을 볼 수 있게 해 주듯이, 이 아는 공간이 감각을 알 수 있게 해 줍니다. 그리고 사물에서 실제로 보이는 것은 태양의 빛이 전부이듯이, 감각을 경험할 때 알려지는 요소는 바로 공간의 아는 성질입니다.

감각에 관해 우리가 유일하게 아는 것은 감각을 아는 앎이며, 그 앎은 우리 아는 **현존**의 빈 공간에 속합니다. 우리 존재의 살아 있음과 앎이 감각에 자기를 빌려 주고, 생명을 주고, 알 수 있게 해 주고, 현실감을 부여합니다.

감각에 관해 알려진 것은 감각을 아는 앎이 전부이며, 그 앎은 우리의 친밀한 존재에 속합니다. 그것은 대상에 속한 것이 아닙니다. 애초부터 그 앎이 속할 수 있는 독립된 대상은 존재하지 않습니다. 감각에 자기의 실재성을 빌려 주어 현실감을 주는 것은 우리의 참된 자기, 우리 자신의 존재입니다. 감각의 참되고 유일한 실재성은 우리의 참된 자기에게 속합니다.

우리가 몸이 실재하고 온전하며 독립해 있다고 느끼는 것은 맞지만, 그 실재성과 온전함, 독립성은 겉으로 보이는 대상이 아니라 우리의 참된 자기에게 속합니다.

우리의 참된 자기에게 속하는 실재성이 몸이나 세계 같은 대상에 속한다고 오해되는 것은 우리가 우리 자신의 존재를 잊을 때뿐입니다. 우리가 자신의 늘 현존하는 본성으로서 실제 경험하는 것이 몸이나 마음처럼 겉으로 보이는 대상 위에 투사되면, 그것들은 실재성과 영속성, 견고함을 얻는 것처럼 보입니다. 사실, 실재하며 늘 현존하는 것은 우리의 참된 자기입니다.

겉으로 보이는 모든 것에 현실감을 주는 것은 우리 존재의 친밀함입니다. 우리가 어떤 대상을 알 때 우리가 아는 것은 우리의 참된 자기이며, 자기를 아는 것도 참된 자기입니다. 우리가 다른 모든 것에서 사랑하는 것은 우리의 참된 자기뿐입니다. 즉, 우리의 참된 자기는 자기만을 알고 자기만을 사랑합니다.

모든 욕망은 이것만을 바랍니다. 모든 우정은 이것만을 드러냅니다.

• • •

다시 감각으로 돌아와서, 우리가 감각을 무심히 관조할 때마다, 감각에 덧씌운 믿음의 층이 벗겨지는 것을 보세요. 감각의 조밀함, 견고함, 불투명함, 역사, '나'와의 동일시가 녹아내립니다.

감각은 벌거벗은 날것의 형태로 경험되기 시작합니다. 투명해지고 열리고 비워지고 빛나게 됩니다. 감각은 그것이 나타나는 공간인 우리 존재의 '아는 공간'의 성질들을 띠기 시작합니다.

몸의 실제 경험을 계속해서 더욱더 깊이 살펴보십시오. 우리는 어떤 것도 바꾸려 하지 않으며, 정말로 있는 것이 무엇인지를 보기 위해, 감각에 덧씌워진 믿음들을 벗기려 하고 있습니다. 우리는 감각 자체를 경험하는 것이 아니라 '감각함'을 경험한다는 것을 보세요.

눈을 감고, 상상의 손을 뻗어, 감각하는 경험을 만져 보십시오. 단단한 것이 발견되나요? 단단한 것이란 더 많이 감각함일 뿐입니다. 이 상상의 손은 하나의 이미지일 뿐입니다. 이 이미지로 감각하는 경험을 죽 만져 볼 때, 단단한 것을 만나요, 아니면 바람이 하늘을 흘러가듯이 감각함을 통과해 흘러가나요?

일어나서 몸을 움직일 때, 당신 자신인 아는 **현존**은 일어나지도, 움직이지도 않는다는 것을 보세요. 하늘이 언제나 하늘 그대로 있고 새로운 바람만이 하늘을 지나듯이, 당신도 언제나 당신 자신인 채로 남아 있습니다.

감각함은 새로운 형태를 취하지만, 언제나 같은 재료로 이루어집니다. 어디로 가지 않고, 아무것도 되지 않으며, 영원히 그 자체로 쉬고 있는 우리 존재의 텅 빈 하늘로 이루어집니다.

23.
여과되지 않은 날것의 경험

몸은 흔히 장기나 **뼈** 같은 견고한 물체로 가득 차 있는, 피부로 이루어진 그릇이라고 여겨집니다. 눈을 감고, 몸의 실제 경험으로 곧장 들어가 보세요.

몸의 '표면'인 피부의 감각을 느끼고, 몸 '안쪽'의 어떤 감각, 예를 들어 눈 뒤쪽의 따끔거림을 느껴 보세요. 어떤 감각의 안에서 다른 감각이 경험되나요? 아닙니다! 두 감각 모두 우리의 참된 자기인 아는 **현존**의 '안에서' 경험됩니다.

우리가 세계 '안에' 있는 몸을 경험하고 몸 '안에' 있는 마음을 경험한다는 뿌리 깊은 믿음을 살펴보는 것은 흥미로운 일입니다. 몸과 세계에 관해 우리가 유일하게 아는 것은 일련의 감각과 지각뿐입니다.

자신의 경험을 자세히 살펴보고, 우리가 실제로 하나의 지각 안에서 다른 지각을, 하나의 감각 안에서 다른 감각을 경험하는지, 하나의 지각 안에서 다른 감각을 경험하거나 하나의 감각 안에서 다른 지각을 경험하는지 보세요. 그러지 않으며, 그럴 수도 없다는 것을 분명히 보세요.

아무도 세계 '안에' 있는 몸이나 사물을 경험한 적이 없습니다. '몸', '세계', '대상'은 모두 우리 경험의 현실 위에 덧씌워진 관념입니다.

마찬가지로, 당신의 경험을 분명히 살펴보고, 하나의 지각이나 감각 안에서 생각을 경험한 적이 있거나 경험할 수 있었는지 스스로 물어보세요. 아닙니다! 우리는 몸 안이나 세계 안에서 생각 즉 마음을 경험한 적이 없다는 것이 우리의 경험입니다. 몸과 세계에 관한 우리의 경험은 마음 안에서 나타나는 것이 아닙니다. 그것들이 바로 마음입니다.

경험은 하나의 이음매 없는 전체이며, 이것과 분리된 안쪽이나 바깥 부분, 개체는 어디에도 없습니다.

• • •

우리의 실제 경험에서는 몸의 다양한 부분이 피부에 담겨 있는 것이 아니라, 몸이라고 불리는 모든 감각이 **앎**에 '담긴다'는 것을 분명히 보십시오.

앎이 우리의 참된 몸입니다. 우리가 흔히 우리의 몸이라고 여기는 모든 감각은 실제로는 이 무한하고 경계 없는 앎의 공간에서 자유롭게 떠다니고 있음을 분명히 보십시오. 앎이 참된 몸이며, 모든 것을 담는 진정한 '그릇'입니다. 모든 것은 그 자신의 투명하고 빛나는 본질로 이루어집니다.

그렇다면 몸이 그렇듯이, 앎 안에 담겨 있는 것처럼 보이는 이런 사물들은 무엇일까요? 몸으로 보이는 것의 무게 감각으로 깊이 들어가 보면, 우리는 감각하는 경험만을 발견합니다. 그런 감각함이 얼마나 무거운가요? 이 질문에 관해 생각하지 마세요. 이것은 이론이 아닙니다. 실제 경험으로 가서, 모든 해석을 걷어 내세요.

감각함은 아무런 무게가 없습니다. 따라서 우리의 친밀한 직접 경험은 몸에 무게가 없다는 것입니다. '무게'는 생각이 우리의 실제 경험에 덧씌운 관념입니다.

이제 어떤 단단해 보이는 것을 만져 보세요. '만짐', '감각함'만이 인식될 것입니다. '만짐', '감각함'이 얼마나 단단한가요? '단단함'도 생각이 경험에 덧씌운 관념이라는 것을 분명히 보세요.

대상들이 앎 안에 나타난다고 말하는 것은 중간 단계일 뿐입니다. 이는 대상들이 존재한다고 믿는 믿음에 어쩔 수 없이 양보하는 것입니다. 앎 안에 나타나는 것처럼 보이는 대상 속으로 깊이 들어가 보면, 경험함만이 인식되고, 경험함 자체는 무게가 없고 투명하며 밝거나 압니다. 즉,

우리는 **앎**만을 발견합니다. **앎**은 자기 자신만을 발견합니다.

• • •

이 **현존**의 공간이 활짝 열려 있음을 보세요. 그 공간은 열려 있음 자체입니다. 그것은 모든 것에 '예스'라고 말합니다. 그것은 모든 것을 환영합니다. 그것은 순수한 환영, 허용입니다. 사실, 그것은 그 이상입니다. 그것은 겉으로 보이는 모든 것과 친밀하게 완전히 하나입니다. 즉, 그것은 사랑입니다.

우리의 참된 몸은 사랑과 친밀함의 몸입니다. 모든 것은 그 안에 조건 없이 담깁니다.

시간이 지나면서 '모든 것'과 '안'조차 사라지고, 남아 있는 것은 경험함의 친밀한 사랑하는 본성뿐입니다. 그 본성은 자기와 너무나 가깝고 너무나 완전히 친밀하게 하나여서, 안이나 밖, 가까움이나 멂, '나'나 '너', 사랑하는 자나 사랑받는 자를 알지 못합니다. 그것은 그저 순수한 경험함일 뿐입니다.

필요한 일은, 직접 경험으로 시작하여 그 경험에 머무르는 것이 전부입니다. 몸이나 세계에 관한 관념이나 이미지, 기억이 아니라, 그저 여과되지 않은 날것의 경험으로….

눈을 감고, 어린아이처럼 여과되지 않은 경험으로 들어가 보세요. 그저 당신의 실제 경험을 관조하면서 부가물과 해석을 배제하다 보면, 그 경험의 본성이 스스로 드러날 것입니다.

24.
늘 현존하며 이음매 없는 경험

질문 손과 선풍기를 비유하시면서, 손의 느낌과 선풍기의 소리가 같은 자리인 앎 안에서 경험된다고 하셨습니다. 하지만 제가 그 자리를 떠나면, 선풍기는 경험할 수 없지만 손은 여전히 경험할 겁니다. 손은 언제나 저와 함께하며 제가 어디를 가든 따라다닐 테니까요. 그러니 손과 달리 선풍기는 제게서 따로 떨어져 있는 것 같습니다.

"손은 언제나 나와 함께하며 내가 어디를 가든 따라다닐 것이다"라고 생각하는 것은 생각일 뿐입니다. 이 생각은 경험과 아무 상관이 없습니다. 우리가 손에 관해 유일하게 아는 것은 지각이거나 감각일 뿐이며, 선풍기에 관해 유일하게 아는 것은 지각일 뿐입니다. 모든 지각과 감각은 간헐적입니다. 따라서 손도 선풍기처럼 간헐적인 경험이며, 손이 당신과 늘 함께하는 것은 아닙니다. 하지만 우리의 참된 자기인 **앎**은 간헐적이지 않습니다. 그것은 늘 현존합니다.

이 말이 당신의 경험에서 진실인지 확인해 보세요. 하루 동안 당신 자신인 앎은 현존하지만 손과 선풍기는 실제 경험으로 현존하지 않는 순간이 많지 않던가요? 언제나 당신과 함께하는 것만을 당신 자신이라고 말할 수 있습니다. 경험을 자세히, 단순하게 살펴보면, 오직 앎만이 언제나 당신과 함께합니다.

경험이 존재의 증거입니다. 그러니 어떤 것이 경험되지 않으면, 우리는 그것이 존재한다고 확신할 수 없습니다. 경험의 외부에 사물이나 타인, 세계가 존재한다는 증거는 없으며, 우리의 경험을 자세히 살펴보면, 경험의 내부에도 사물이나 타인, 세계가 존재한다는 증거가 없습니다.

선풍기나 손, 또는 다른 어떤 것이 정말로 경험된다면, 겉으로 보이는 그들의 존재는 앎과 분리되어 있지 않습니다. 모든 경험은 앎과 똑같이 가깝고, 똑같이 하나입니다. 겉으로 보이는 사물이 사라질 때도 앎은 있는 그대로 남아 있습니다.

겉으로 보이는 사물을 경험할 때, 그 경험에 유일하게 현존하는 실체는 앎뿐입니다. '사물'이라는 관념은 생각이 경험 자체의 실재성 위에 덧붙인 것입니다. 이는 겉으로 보이는 사물들에 아무런 실재성이 없다는 뜻은 아닙니다. 사물들이 그 자체로는 경험되지 않는다는 뜻입니다. 경험 자체는 틀림없는 실제이지만, 그 실재성은 앎에 속합니다.

흔히 사물로 여겨지는 것들은 실제로는 변하는 이름과 모습이며, 늘 현존하며 밑에 있는 앎이라는 실재 위에 마음과 감각이 그런 이름과 모습을 덧씌운 것입니다.

앎이 '밑에 있다'고 하는 말은 사물이 따로따로 존재한다는 것을 굳게 믿는 사람에게 말하는 절반의 진실입니다. 사실, 앎은 '밑에' 있는 것만이 아니라 '표면 위'에도 있습니다. 그것은 목격하는 배경이면서, 겉으로 보이는 모든 사물의 실질적인 전경(前景)입니다.

・・・

질문 앎은 대상들이 그 위에 나타나는 배경일 뿐만 아니라 그 대상들의 실체라고 말씀하셨습니다. 그런데 저는 앎과 그 위에 나타나는 대상들이 하나이며 같다는 것을 이해하기 어렵습니다. 제가 무엇을 놓치고 있는 걸까요?

당신이 놓친 것은 아무것도 없습니다. 경험은 이미 있는 그대로 완전합니다. 사실, 당신은 자신의 경험에 어떤 것을, 하나의 관념을 덧씌운 뒤, 경험보다 그 관념을 진실이라고 믿고 느끼는 것입니다. 필요한 것은, 날것의 경험에 관념을 덧씌우는 행위를 멈추는 것이 전부입니다. 그러면 경험은 있는 그대로, 순수한 앎으로 홀로 빛납니다.

이 점이 분명히 이해되지 않으면, 아무 경험으로든 깊이 들어가 보세요. 예를 들어, 탁자 위에 놓인 손을 느껴 보세요. '손'과 '탁자' 같은 추상적인 꼬리표를 떼 버리고, 날것의 경험 자체로 곧장 들어가세요. 이것이 난생처음 해 보는 경험이며, 이 경험을 비교하거나 전후 사정과 관련지을 참고 자료나 기억이 전혀 없다고 상상해 보세요. 결국 참고 자료나 기억은 생각이지만, 탁자 위에 놓여 있는 손의 경험은 생각이 아닙니다. 그것은 날것의 감각입니다.

생각의 해석을 굳이 없애려 할 필요는 없습니다. 잠시 한쪽에 두고 참고하지 않기만 하면 됩니다. 그저 날것의 감각이 생각의 꼬리표 없이 완전히 느껴질 때까지 필요한 만큼 시간을 가지세요. 날것의 경험 자체는 일정한 형태 없이 따끔거리는 진동이 아닌가요? 사실, 그렇게 말하는 것조차 너무 많이 말하는 것입니다.

그 감각에 윤곽, 모양, 밀도, 무게, 위치, 크기, 색깔, 역사, 나이, 가치, 기능이나 값이 있나요? 그 감각에 '손'과 '탁자'라는 꼬리표가 붙어 있나요? 그 감각에 '나'라든가 '나 아님'이라는 꼬리표가 붙어 있나요? 그것은 하나의 감각인가요, 두 개의 감각인가요?

이 모든 것은 날것의 경험 자체에 생각이 나중에 붙여 놓은 꼬리표임을 분명히 보십시오. 이 꼬리표들에 실용적인 목적이 없다고 말하는 것이 아닙니다. 단지 '손'과 '탁자'라는 꼬리표는 날것의 경험 자체에 본래 있는 것이 아니며, '몸', '세계', '나', '나 아님' 등등의 꼬리표도 생각이 경험이라는 현실에 나중에 덧붙인 것이라는 말일 뿐입니다.

우리는 손, 탁자, 몸, 마음, 세계, 타인, 대상, '나' 또는 '나 아닌 것'을 실제로 경험하지 않습니다. 생각이 경험에 붙여 놓은 이 모든 꼬리표를 떼 버리면, 앎만이 남게 됩니다. 앎은 이음매 없는 경험 전체의 다른 이름입니다.

이제 다시 '손'과 '탁자'의 경험으로, 또는 몸이나 세계의 어떤 경험으로든 깊이 들어가 보세요. 그것은 앎으로 가득하지 않나요? 그 경험에 앎과 하나이지 않은 부분이 있나요? 경험 자체에 앎이 아닌 다른 실체가 현존하나요?

생각이든 이미지든 감각이나 지각이든 어떤 경험을 골라서 이런 식으로 탐구해 보세요. 단단하고 부드럽고 시끄럽고 조용하고 가깝고 멀고 유쾌하고 불쾌해 보이는 것, '나로 보이는 것, '나 아닌 것'으로 보이는 것, 안에 있거나 밖에 있는 듯한 것, 아름답거나 추해 보이는 것 등등을 골라서 이런 식으로 탐구해 보세요.

우리의 경험을 탐구할수록 모든 경험은, 겉으로는 얼마나 가깝거나 멀어 보이고, 얼마나 '나'인 것이나 '나 아닌' 것으로 보이든 간에, 사실 앎과 친밀하게 하나입니다. 앎이 모든 경험의 목격자일 뿐만 아니라 그 실체라는 사실은 우리의 실제 경험으로 분명해집니다. 실제로 경험에는 앎이 아닌 어떤 실체도 현존하지 않습니다.

겉으로 보이는 모든 사물, 타인과 세계의 목격자로 있는 것은 귀중한 중간 단계입니다. 이는 하나의 몸/마음만을 자기 자신으로 여기는 생각이 앎에 덧씌워 놓은 것들을 벗겨 줍니다. 하지만 우리는 그보다 더 멀리 나아갈 수 있습니다. 우리 경험을 깊이 탐구하면 목격하는 주체와 목격되는 객체가, 아무리 미묘해도, 생각이 경험에 덧씌운 것임을 볼 수 있습니다.

이렇게 덧씌운 것들이 벗겨지면, 경험은 있는 그대로, 순수한 **앎**으로 드러납니다. 우리의 경험을 이렇게 탐구해서 그렇게 되는 것이 아닙니다. 언제나 그러했다는 사실이 탐구로 드러나는 것입니다.

이것은 지적인 이해가 아닙니다. 지금 여기에서 하듯이, 질문이나 상황에 응답하여 지적 용어로 표현할 수는 있습니다만…. 이것은 우리가 친밀하게 경험으로 아는, **빼앗길 수 없는 앎**입니다. 이런 식으로 경험을 계속 탐구하면 우리는 경험으로 더 확신하게 되고, 그것은 우리 자신의 흔들릴 수 없는 경험이 됩니다. 그것은 우리의 삶에 자연스럽게 체화됩니다.

처음에는 이러한 이해가 자주 중단되고, 분리된 자아를 대신하여 생각하고 느끼는 오래된 습관으로 인해 때때로 가려진 것처럼 보일 수 있습니다. 그렇지만 우리가 더 깊이 살펴보고, 경험의 모든 영역—생각, 상상, 감각, 지각—으로 확대하여 조사하다 보면, 더 깊이 확신하게 되고 경험을 통한 이해도 더욱 안정됩니다.

나중에는 이런 이해가 경험을 바라보는 이전의 관습적, 개인 중심적 관점과 상충하는 특별한 깨달음이나 통찰로 느껴지지 않게 됩니다. 이런 이해는 자연스럽고 애써 노력할 필요가 없으며 평범한 것이 됩니다. 사실, 이렇게 열려 있고, 경험으로 알며, 이 아는 **현존**으로 존재하지 않으려 할 때 오히려 노력이 필요할 것입니다.

우리가 기울이는 노력은 우리가 **현존**이 아닌 다른 무엇으로 느껴지게 하고, 겉보기에 분리된 개인이 실재하는 것처럼 여겨지게 합니다. 그것은 경험을 둘로 나누는 사고 과정이며, 이로 인해 늘 현존하며 이음매 없는 경험은 겉보기에 수많은 사물과 개체로 나뉘는 것 같습니다. 우리는 그 가운데 하나를 '나'라고 여기고, 나머지는 모두 '나 아닌 것'으로 간주합니다.

우리가 자각하면서 이러한 **현존**으로 머무르게 되면, **현존**은 자신이 경험의 중립적 배경이자 실체일 뿐만 아니라, 평화와 사랑, 행복과 동의어임을 드러냅니다.

5부

세계

25.
우리의 세계는 지각으로 이루어집니다

우리가 세계에 관해 유일하게 아는 것은 보고 듣고 만지고 맛보고 냄새 맡는 것입니다. 이것을 '지각'이라 부르겠습니다. 세계에 관한 우리의 경험—우리가 세계에 관해 아는 것은 세계에 관한 경험이 전부입니다—은 지각으로 이루어집니다. 지각은 마음으로 이루어지며, 마음은 우리의 참된 자기인 아는 **현존**으로 이루어집니다.

아는 **현존**은 자기의 색깔이 없으며, 우리가 아는(즉, 지각하는) 세계는 이 색깔 없는 **현존**으로만 이루어져 있으므로 '투명하다'고 합니다.

아는 **현존**은 모든 경험을 '비추어' 주고 경험을 '알게' 해 주는 빛입니다. 세계에 관한 우리의 경험은 세계에 관한 앎 말고는 다른 실체가 없습니다. 그러므로 세계는 밝다고 하며, **앎**의 빛으로 이루어진다고 합니다. 아는 **현존**은 겉으로 보이는 세계를 비추며, 그 빛은 그것이 비추고 아는 세계의 실체입니다.

세계를 아는 앎과 세계에 관한 경험은 똑같이 투명하고 밝게 빛나는 실체로 이루어집니다.

• • •

질문   저는 모든 것이 감각과 지각으로 이루어지고, 실제 사물은 존재하지 않으며 경험만 존재한다는 것을 직접 경험으로 알고 매료되었습니다.

그렇습니다. 우리가 마음에 관해 유일하게 아는 것은 생각이며, 몸에 관해 유일하게 아는 것은 감각이고, 세계에 관해 유일하게 아는 것은 지각—즉, 보고 듣고 만지고 맛보고 냄새 맡는 것—입니다. 아니면 더 단순하게, 우리가 아는 것은 경험함이 전부이며, 경험함은 우리의 참된 자기인 아는 **현존**으로 이루어진다고 말할 수 있습니다.

이제, 흔히 우리 자신과 떨어져 있고 우리의 참된 자기 아닌 다른 무엇으로 이루어져 있다고 여겨지는 세계를 살펴봅시다. 예를 들어, 멀리 있는 산 같이 세계 안의 대상을 살펴보세요. 그 산은 경험함과 얼마나 멀리 떨어져 있나요? 분명히, 거리가 전혀 없습니다.

이제 경험함이 당신의 참된 자기인 아는 **현존**과 얼마나 멀리 떨어져 있는지 물어보세요. 분명히, 아무 거리가 없습니다. 산이 경험함과 아무 거리가 없고, 경험함이 **앎**과 아무 거리가 없음을 분명히 보았다면, 산이 우리의 참된 자기와 조금도 떨어져 있지 않다는 것이 실제 경험으로 분명해질 것입니다.

이제, 산에 경험함 말고 다른 실체가 있는지를 다시 물어보세요. 분명히 아무것도 없습니다. 왜냐하면 우리는 세계에 관한 경험함 말고는 세계에 관해 아는 것이 없기 때문입니다. 이제, 경험함에 우리의 참된 자기인 앎 말고 다른 실체가 있는지 물어보세요. 분명히 아무것도 없습니다. 그러므로 산(과 다른 모든 것)이 우리의 참된 자기인 앎 안에서 일어나고 그 앎으로 이루어진다는 것이 우리의 친밀한 직접 경험입니다.

하지만 이제 우리는 "이 산은 무엇인가?"라고 물을 수 있습니다. 우리는 그것이 우리의 참된 자기인 앎일 뿐임을 알게 되었습니다. 그렇다면 왜 산이라고 말하는 것일까요? '산'은 우리 참된 자기의 수많은 이름과 모습 중 하나일 뿐입니다. 오직 우리의 참된 자기만 있습니다. 우리의 참된 자기가 산으로 있는 것이 아니라, 우리의 참된 자기만 있습니다. 끝.

• • •

질문 저는 듣고 만지고 냄새 맡는 데에 집중할 때는 이것을 쉽게 경험할 수 있지만, 보고 있을 때는 매우 어렵습니다.

그렇습니다. 시각 영역은 이원성, 분리, 다름이라는 환상이 가장 설득력 있게 작용하는 영역입니다. 하지만 듣고 만지고 냄새 맡는 모든 일이 바로 우리의 참된 자기 안에서 일어나며 그것으로만 이루어진다는 사실을 분명히 알게 되면, 우리는 열쇠를 가지게 됩니다. 그 느낌 – 이해를 시각 영역으로 바꾸기만 하면 됩니다.

실습해 볼 수 있는 제안을 하나 하겠습니다. 눈을 감고, 예를 들어, '멀리서 들리는 자동차 소리'라는 진동이 들음으로만 이루어지며, 이 들음이 당신의 참된 자기와 하나이고 참된 자기로만 이루어진다는 것을 확인해 보세요.

눈을 계속 감은 채로, 지금 나타나는 짙은 적갈색 시각 이미지가 봄(seeing)으로만 이루어지고, 이 봄은 들음과 똑같은 본질로 이루어지고, 들음과 똑같은 '자리'에서 나타난다는 것을 보세요.

이제 천천히 눈을 뜨고, 회색 바닥(아니면, 나타나는 다른 무엇이든)에 관해 당신이 유일하게 아는 것은 짙은 적갈색 이미지와 똑같은 본질로, 즉 봄으로 이루어지며 똑같은 자리에서 나타남을 보세요.

이렇게 해 볼 때 세계가 '밖으로 튀어 나가는' 것처럼 보인다면, 다시 눈을 감고 모든 것이 당신의 참된 자기 안에서 나타나고 있으며 참된 자기로 이루어짐을 경험으로 확인하세요. 그런 다음 눈을 뜨고 다시 시도해 보세요. 이런 식으로 실험하다 보면 우리가 시각적 세계에 관해 유일하게 아는 것은 경험함으로 이루어짐을, 즉 우리의 참된 자기인 아는 **현존**으로 이루어짐을 더 분명히 알게 될 것입니다.

이 원리를 이해하게 되면, 이 실험을 명상적인 환경에만 국한할 필요가 없습니다. 거리를 걸을 때, 그릇을 씻을 때, 친구와 얘기할 때 실험해 보세요. 시간이 지나면서, 세계를 참된 자기 안에서, 참된 자기로서 경험하는 일이 점점 더 평범해지고 수월해지며 자연스러워질 것입니다.

'세계는 바깥에 있고 내가 아니다'라는 느낌은 '나는 몸 안에 나로서 있다'라는 느낌과 필연적으로 대응합니다. 위에서 간략히 설명한, 세계에 대한 탐구는 세계가 바깥에 있고 분리되어 있으며 자신과 다른 것이라고 여기는 무지의 한 부분을 탐구합니다. 몸에 대한 탐구는 우리가 '여기에', 몸 안에 몸으로서 위치한다고 느끼게 하는 무지의 측면을 다룹니다. 이 것은 같은 탐구의 두 가지 측면이며, 나란히 진행됩니다.

이 탐구는 완전한 의미에서 자기 탐구의 일부입니다. 자기 탐구가 마음의 영역에만 한정되는 조사가 아니라는 것을 이해하는 것이 중요합니다. 그것은 단순히 '나는 누구인가?'라고 질문하는 것 이상입니다.

자기 탐구가 '나'는 진실로 무엇인지를 묻는 마음속 질문으로 시작될 때가 많다는 것은 사실입니다. 그렇지만 이러한 조사가 완전해지려면, '자기'라는 느낌과 '자기 아닌 것'이라는 느낌의 가장 깊은 층들을 꿰뚫어야 합니다. 즉, 몸 수준에서 '나'라는 느낌과 세계 수준에서 '나 아닌 것'이라는 느낌까지 스며들어야 하는 것입니다.

26.
지각, 그리고 마음의 한계

세계에 대한 우리의 유일한 경험은 지각의 형태, 즉 보이는 모습, 소리, 감촉, 맛, 냄새로 옵니다. 일반적으로 우리는 몸 안에 있는 분리된 자아가 알고 경험하거나 지각하는 행위를 통해 이런 지각들과 연결된다고 생각하고 느낍니다.

예를 들어, 우리는 '내가 나무를 본다'고 생각합니다. '나'는 몸 안에 있다고 여기고, 나무는 바깥 세계에 존재한다고 여기며, 그 둘이 (이 경우에는) 보는 행위로 연결된다고 생각합니다.

사실, 몸 안의 분리된 자아와 분리된 바깥 대상인 '나무'는 실제로는 그런 방식으로 경험되지 않습니다. 경험되는 것은 봄(seeing)이 전부입니다. 우리는 나무나 세계를 물질로 이루어진 분리되고 독립적인 대상으로 아는 것이 아닙니다. 우리가 아는 것은 보는 경험뿐입니다.

봄은 어디에서 일어날까요? 봄은 어떤 장소에서도 일어나지 않습니다. 우리가 장소에 관해 아는 것은 보는 경험뿐이기 대문입니다. 따라서 우리는 봄이 봄 안에서, 또는 경험함 안에서 일어난다고 말할 수 있습니다. 그리고 봄 또는 경험함은 우리의 참된 자기인 아는 **현존**의 다른 이름일 뿐입니다.

봄의 경험은 부분들로 이루어진 것도 아닙니다. 우리의 참된 자기가 무엇이든, 나무에 대한 우리의 경험이 무엇이든, 그것들은 보는 경험 안에 '하나'로 담겨 있습니다. 하지만 그런 말은 분리된 내부의 자아와 분리된 바깥 세계에 대한 믿음을 인정하는 셈입니다. 우리가 경험에 가까이 머무르면, 알려지는 것은 (이 예에서는) 봄이 전부입니다.

그러니 우리는 내부의 자아, 바깥의 나무나 세계에 관한 추론으로 시작하기보다는 봄으로 시작해야 합니다. 봄이 우리의 경험이기 때문입니다. 이런 이해에서 보면, 봄을 보는 부분과 보이는 부분으로 나눌 필요가 없습니다. 언제나 봄의 이음매 없는 친밀함이 있을 뿐입니다.

• • •

이 예는 겉으로 보이는 사물, 타인 또는 세계에 관한 어떤 경험에도 적용될 수 있습니다. 보이는 모습, 소리, 감촉, 맛이나 냄새 중 어떤 것을 택해도 마찬가지입니다. 우리가 이것들에 관해 아는 것은 보고 듣고 만지고 맛보고 냄새 맡는 경험이 전부입니다. 그렇지만 이런 경험을 아는

'우리'는 없습니다. 경험 자체—봄, 들음, 접촉, 맛봄, 냄새 맡음—가 경험에 있는 전부입니다.

알고 생각하고 느끼고 보고 듣고 만지고 맛보고 냄새 맡는, 겉보기에 분리된 자아는 그 자체가 앎, 생각함, 느낌, 봄, 들음, 접촉, 맛봄, 냄새 맡음으로 이루어집니다. 마찬가지로, 겉보기에 외부에 있는 듯한 사물, 타인 또는 세계에 관해 우리가 아는 것은 봄, 들음, 접촉, 맛봄, 냄새 맡음이 전부입니다.

경험만이 언제나 단 하나의 이음매 없는 친밀함입니다. 하지만 경험은 '하나'라고 말하는 것조차 너무 많이 말하는 것입니다. 경험을 '하나의 것'으로 이름 붙이는 것은 그와 대비되는 '다른 것'이 있음을 암시합니다. 이를 분명히 알 때, 생각은 경험의 장엄함과 형언할 수 없음 앞에서 멈추게 됩니다.

이는 경험의 실체(실재, 현실)를 알 수 없다는 뜻이 아닙니다. 반대로, 경험의 실체야말로 이제까지 알려진 모든 것입니다. 하지만 마음은 그 실체를 알 수도 없고 묘사할 수도 없습니다. 경험의 실체는 우리의 참된 자기에 의해, 참된 자기로서 알려집니다. 그 실체가 우리의 참된 자기입니다.

모든 경험은 분명히 실재합니다. 실재하는 환상은 없습니다. 실재하는 환상이라면 마땅히 그 환상에 실체가 있을 것입니다. 환상은 환상의 환상적인 관점에서만 환상일 뿐입니다!

　환상으로 보이는 것조차 생각으로만 이루어집니다. 예를 들어, 신기루는 실제 경험입니다. 신기루가 물로 이루어졌다고 생각한다면, 그것은 환상일 뿐입니다. 환상(물)은 생각에 속한 것이지, 경험에 속한 것이 아닙니다. 그 생각이 가리키는 것(물)은 그 자체로는 존재하지 않지만, 생각 자체는 모든 생각이나 경험과 똑같은 본질로 이루어집니다. 그것의 실체는 모든 경험의 실체와 똑같습니다.

　우리는 그것이 '어떤 것'인지 알기 위해 그 실체 바깥으로 물러날 수 없지만, 우리가 바로 그 실체입니다. 경험의 실체는 이제까지 알려진 전부이지만, 그것을 생각으로 알 수는 없습니다. 동시에, 모든 생각은 오직 그 실체로만 이루어집니다.

· · ·

　이런 견해는 마음만이 존재한다는 대중적인 솔립시즘(solipsism)[11] 견해와 혼동되지 않아야 합니다. 평화와 행복, 사랑이 (대상에서 얻는 경험은 아니지만) 매우 실재한다는 사실만으로도, 마음 외에도 경험할 것이 훨씬 많음을 보여 주기에 충분합니다.

11　자기의 마음과 경험만이 확실히 존재하며, 외부 세계와 다른 사람들의 마음은 존재하는지 알 수 없거나 존재하지 않는다고 보는 철학적 입장. 유아론(唯我論)이라고도 한다.-옮긴이

마음은 본래 제한되어 있으므로 사물들이 진실로 어떠한지를 알 수 없습니다. 사물들이 어떠하지 않은지만 알 수 있을 뿐입니다. 마음은 자기의 한계 너머에 어떤 것이 있는지 없는지를 알 수 없습니다. 자기의 한계만을 알 뿐입니다. 마음은 자기의 믿음 체계를 해체할 수 있거나, 적어도 그 체계를 객관적으로 바라볼 수 있습니다. 마음은 그렇게 하기 좋은 위치에 있는데, 애초에 마음이 그 체계를 만들어 냈기 때문입니다.

여기에서 하는 사색들이 우리의 경험을 탐구하면서 실체를 마음에만 국한하지 않는 것은 이런 이유 때문입니다. 우리는 경험의 핵심으로 들어갑니다. 우리는 관습적인 믿음들을 부정하기 위해 마음을 사용하지만, 그 믿음들을 추측이나 (직접 경험에서 나오지 않은) 주장으로 대체하지 않습니다.

마음이 앎 안에서 나타나는 유일한 형태임을 암시하는 것은 없습니다. 예를 들어, 우리의 지각은 인간의 마음이 지각할 수 없는 더 큰 실체의 단면에 불과할 수 있습니다. 그러나 이 경우에도, 우리가 제한되고 왜곡된 관점으로 지각한다고 해도 우리 지각의 본질은, 마치 물결의 본질이 바다의 본질이듯이, 더 큰 실체의 본질을 공유해야 합니다.

예를 들어, 2차원만을 지각할 수 있는 생물을 상상해 보세요. 이 생물은 연못의 표면 위에 살면서 앞과 뒤, 옆만 볼 수 있을 뿐, 위와 아래는 볼 수 없습니다. 연못가에는 나무의 가지 일부가 물속에 잠겨 있습니다. 그 나뭇가지들은 이 생물에게 어떻게 보일까요? 그 생물의 세계에서는 수평면 위의 선들로 보일 것입니다. 나뭇가지들이 굵을수록 선은 더 길어 보입니다.

그 생물이 이 선들을 한동안 지켜보면, 나뭇가지들은 바람에 흔들릴 때마다 계속 길어지거나 짧아지며, 나뭇가지가 물 밖으로 들리면 시야에서 사라진다는 것을 알아차릴 것입니다. 비가 내리면(비는 그 생물의 세계에서 짧게 폭발적으로 나타나는 선들처럼 보일 것입니다) 연못의 표면이 나뭇가지들 위로 올라오면서 나뭇가지들이 그 생물의 세계에서는 더 긴 선들로 보일 것입니다. 마찬가지로, 여름에 연못이 마르면서 나뭇가지들의 끄트머리만 물에 닿게 되면 선들이 더 짧아질 것입니다.

여러 해 동안 지켜본 뒤, 그 생물은 자신의 관찰에 근거해 그 세계의 본질에 관한 이론들을 세울 수 있습니다. 하지만 그 이론들은 연못과 나무, 들판, 강, 하늘 같은 '실제 3차원 세계'의 실체보다는 자기 마음의 특징과 한계를 반영할 것입니다.

중요한 점은, 그 생물이 관찰하는 선들의 본질적 실체는 그 선들이 한 단면을 이루는 나무의 본질적 실체를, 나아가 그 나무가 한 부분을 이루는 들판과 강, 하늘의 본질적 실체를 공유한다는 것입니다.

그 생물은 자신의 본질적 실체를 알기 위해, 나두 전체나 자연 전체를 지각할 필요는 없습니다. 만약 그 생물이 자기의 세계에 나타나는 선들 가운데 단 하나의 본질 속으로 깊숙이 들어가기만 하면, 그 선들이 실제로 무엇이든, 나무가 실제로 무엇이든, 그 생물 자체가 실제로 무엇이든, 결국 모두 하나라는 피할 수 없는 진실에 도달할 것입니다.

그 생물의 마음은 이 하나임(oneness)을 알지 못하고 알 필요도 없을 것입니다. 그 생물이 바로 그것이기 때문입니다. 그 생물이 알 필요가 있는 것은 자기 자신이 전부이며, 자기 자신을 알게 되면 나무와 연못, 들판, 강, 하늘과 다른 모든 것의 본질을 알게 됩니다.

자기 자신을 알게 되면, 모든 자연의 실체 또는 본질을 알게 됩니다. 자연의 영원함을 알게 됩니다. 그런데 그 생물은 어떻게 해서 자기 자신을 알게 될까요? 단순히 자기 자신으로 있음으로써, 이 본질적 존재에 어떤 것도 더하지 않음으로써.

필요한 것은 이 진실을 한 번 분명히 보는 것이 전부이며, 시간이 지나면 그 봄이 우리가 알던 세계를 소멸시킬 것입니다.

• • •

이런 이해를 통해 우리는 세속적인 것은 아무것도 없다는 사실을 깨닫습니다. 모든 경험은 절대 실체를 경험하는 것일 뿐입니다. 스크린에 어떤 모습의 영상이 나타나든 실제로 보이는 것은 스크린뿐이라는 사실을 바꾸지 못하듯이, 마음이 그 실체를 어떻게 해석하고 재구성하는지는 중요하지 않습니다.

우리가 어떤 영상을 '영상'으로 여기며 볼 때는 스크린이 한정되어 보이지만, 같은 영상을 스크린으로 여기며 볼 때는 한정되어 있지 않음을 깨닫게 됩니다. 마찬가지로, 경험을 마음으로 여기며 볼 때는 경험이 한정되지만, **앎**으로 여기며 볼 때는 똑같은 경험이 영원하고 무한합니다. 두 가지 가능성이 매 순간 열려 있습니다. 그것이 우리의 자유입니다. 우리를 속박하는 것은 아무것도 없습니다. 우리가 보는 대로 경험이 나타납니다.

그렇다면 우리가 보는 방식을 결정하는 것은 무엇일까요? 윌리엄 블레이크가 말했듯이, "사람은 자기를 보는 대로 세상을 봅니다." 즉, 모든 것은 우리 자신으로부터 시작합니다. 우리가 자신을 어떻게 보고 경험하느냐에 따라 모든 것이 결정됩니다. 우리가 자신을 분리된 내부의 자아로 여기면, 우주는 그 믿음에 맞추어 나타날 것입니다. 자신이 무한한 아는 **현존**임을 알면, 똑같은 우주가 그 진실도 확증해 줄 것입니다.

시간과 공간의 4차원 세계가 우리 마음의 반영에 불과한 것이 아님을 우리가 어떻게 알 수 있을까요? 우리는 알 수 없습니다. 우리는 어째서 마음이 참으로 존재하는 것의 실체를 알거나 표현할 수 있다고 생각하는 것일까요? 더 나아가 마음이 존재하는 것 전체라고 생각하는 것일까요? 오직 마음의 오만함 때문입니다.

우리의 마음은, 2차원 시야를 가진 생물이 3차원 세계와 관계하듯이, 존재 전체와 관계하고 있는지도 모릅니다. 우리의 3차원 시야와 4차원 경험은 마음이 상상할 수도 없는 다차원 전체의 한 단면, 한정된 관점일지도 모릅니다.

그렇지만 나뭇잎의 본질적 실체가 나무의 본질적 실체와 같고, 당근의 그것이 흙의 그것과 같듯이, 우리 자신의 본질적 실체는 우주의 본질적 실체와 같습니다. 세계가 진실로 무엇이든 간에 그 본질적 본성은 우리의 본래 존재인 '아는 **현존**'과 같습니다.

"아트만은 브라만과 같다." "나와 아버지는 하나다."

• • •

이렇게 탐구하다 보면 마음은 자기의 종말에 이르게 되며, 경험의 참된 본성을 발견하는 대신, 어떤 것이 진실로 무엇인지를 알 수 없다는 자신의 무능함을 깨닫습니다. 동시에, 마음은 자신의 지각에서 실제로 있는 것—지각의 어떤 부분도 실제로 있지 않은 것은 없습니다—이 모든 것의 궁극적 실체임을 깨닫습니다. 물을 찾고 있는 물고기처럼, 마음은 그것 속에 푹 잠겨 있으면서도 그것을 찾을 수 없습니다.

그 결과, 마음은 자연스럽게 종말에 이르는데, 그것은 노력이나 수행의 결과가 아닙니다. 마음은 경험의 장엄함 앞에 알지 못하는 채로 열려 있게 됩니다.

마음이 알 수 있는 것은 마음—생각함, 감각함, 지각함—뿐이지만, 마음이 자기를 알게 해 주는 앎은 마음에 속하는 것이 아닙니다. 그것은 마음보다 훨씬 큰 존재에게 속합니다. 마치 밤에 달이 대상을 비추는 빛이 달보다 훨씬 큰 존재인 태양에 속하는 것과 같습니다.

겉으로 보이는 모든 것을 알게 해 주는 앎은 우리 자신의 존재에, 투명하고 빛나는 앎의 현존에 속합니다. 그리고 알려지는 것은 모두 앎뿐입니다. 참으로 알려지는 것은 전부 우리의 존재인 순수한 앎의 빛입니다.

그것은 언제나 자기 자신만을 압니다.

27.
자연의 거울

절대적인 관점에서 보면, 예술은 목적이 없습니다. 어떤 노력에서든 우리 경험의 근본적인 실체를 드러내는 것보다 더 높은 목적은 없습니다. 다른 모든 것은 그것에 의존하지만, 그것은 어떤 것에도 의존하지 않기 때문입니다. 절대적인 관점에서 보면, 이 근본적인 실체는 지금 이 현재의 경험에 이미 완전히 현존합니다. 그러니 그것은 더 드러나는 데 필요한 것이 없습니다.

이러한 관점에서 보면, 예술은 그저 절대자에게 바치는 노래, 찬미와 감사와 기쁨의 찬가이며, 사랑이 흘러넘치는 표현입니다.

하지만 만약 그렇게 보이지 않는다면, 무언가 빠진 것처럼 보인다면, 우리 자신이 우주의 실체와 어떻게든 분리되거나 단절된 것처럼 보인다면, 예술은 나름의 역할을 맡게 됩니다.

우리 경험의 실체에 관심을 두지 않을 때, 우리의 문화는 경험의 진실 또는 실체를 드러내 밝혀 주는 다양한 수단을 제공합니다. 종교와 철학, 예술이 그런 수단입니다. 이 세 가지는 각각 느낌, 생각, 지각이라는 경험의 세 가지 방식 가운데 하나에 대응합니다. 이 모든 앎의 형태는, 적어도 원래 형태에서는, 경험의 진실 또는 실체를 탐구하고 드러낼 수 있는 수단입니다.

여기서 우리는 경험의 지각하는 측면을 주로 다룹니다. 이런 관점에서 보면, 예술은 지각이 원래 상태로 돌아가게 하는 길이라고 할 수 있으며, 더 정확히 말하면, 생각이나 상상이 덧씌워 놓은 관념적 부가물을 벗어 버리고 지각이 원래 모습으로 새롭게 보이는 길이라 할 수 있습니다.

・・・

자연을, 세계를 바라볼 때, 우리는 실제로 있고 실체가 있는 것을 보고 있다고 느낍니다. 하지만 세계는 순간순간 나타났다 사라지는, 순식간에 지나가는 지각들로만 이루어집니다. 그렇다면 우리가 보는 것의 실체는 무엇일까요? 우리의 경험에 부정할 수 없는 실재성을 부여하는 것은 무엇일까요? 우리 경험의 실체는 무엇일까요?

자연을 바라볼 때 우리가 정말로 보고 있는 것은 무엇일까요? 우리가 세계에 관해 아는 모든 것은 감각 지각을 통해 알려지며, 그것들은 모두 감각에 의존합니다. 그러나 만약 세계가 자기의 실체를 가지고 있다면,

그 실체는 우리의 각 감각이 부여하는 특정한 속성들과 무관해야 합니다.

예를 들어, 눈이 부여하는 속성과 무관한 '보이는 것'의 본질은 무엇일까요? 만약 우리의 눈이 다르게 만들어졌다면, 우리는 다른 세계를 볼 것입니다. 예를 들어, 우리에게 개미나 벼룩의 눈이 있다면, 세계는 아주 다르게 보일 것입니다. 인간, 개미, 벼룩, 그리고 다른 모든 생물의 세계에 공통으로 있는 것은 무엇일까요?

만약 우리 감각이 세계에 부여한 그 모든 속성을 제거하고, 마음이 붙여 놓은 추상적인 관념의 꼬리표까지 다 떼 버리면, 세계에는 무엇이 남아 있을까요? 만약 감각과 마음이 세계 위에 덧붙인 모습과 꼬리표를 다 제거해 버리면, 세계에는 무엇이 남을까요? 아무것도 없을까요?

아니요, 아무것도 없지는 않습니다! 감각으로 지각되거나 마음으로 생각하고 상상할 수 있는 것은 아무것도, 어떤 것도, 어떤 대상도 남아 있지 않습니다. 동시에 우리는 세계에 대한 우리의 경험에 어떤 실체가 있음을 압니다. 그것이 꿈이라 해도, 그 꿈에는 어떤 실체가 있습니다. 그 실체는 무언가로 이루어져 있습니다.

이 현재의 경험 A가 무엇으로 이루어져 있든, 그것은 이 다음 경험인 B의 본질이며, 다음에 이어지는 모든 경험의 본질입니다. 첫 번째 경험인 A를 경험하는 동안 존재하던 모든 대상은 우리가 다음 경험인 B를 경험할 때쯤이면 사라져 버립니다. 그러나 두 경험 사이에는, 모든 경험 사이에는 간헐적인 지각들로는 설명할 수 없는 연속성이 있습니다. 우리 경험의 이 연속하는 실체의 본성은 무엇일까요?

그 연속성은 부정할 수 없이 경험되지만, 동시에 대상의 속성이 없습니다.[12] 이 두 가지 사실은 이 현재의 경험에서 도출되며, 그 경험의 특수한 특징들과는 무관합니다. 따라서 이 질문에 대한 답을 발견할 수 있는 유일한 곳은 우리 자신의 친밀한 직접 경험뿐입니다.

이 순간 우리의 실제 경험에서 지금 부정할 수 없이 현존하지만, 대상의 속성이 전혀 없는 것은 무엇인가요? 오직 **앎**과 존재뿐이며, 이것은 함께 우리의 참된 자기를 이룹니다. 그러므로 우리는 자신의 경험을 통해 말할 수 있습니다. 마음과 감각은 세계에 그것들의 속성을 덧씌우지만, 세계의 근본적인 실체는 우리 참된 자기의 본질적인 실체인 이 현존하는 **앎**이라고….

경험은 본래 지각하는 주체와 (지각하는 행위로 연결되는) 지각되는 대상으로 나뉘어 있지 않습니다. 경험은 하나의 이음매 없고 나눌 수 없는 실체이며, 수없이 다양한 사물과 개체로 굴절되는 것처럼 보이지만, 사실은 언제나 하나의 완전한 전체입니다.

예술의 목적은 이 이음매 없고 나눌 수 없는 경험의 친밀함과 하나임

---

12 '대상의 속성이 없다'는 말은 대상이 아니라는 말과 같다. ─옮긴이

(oneness)을 맛보게 하는 것입니다.

예술의 목적은 상상되고 분리된 내부 자아의 핵심에 있는 상처를 치유하는 것입니다. 우리 자신이 몸 안에 갇힌 작은 조각이며, 분리된 내부의 자아라는 믿음과 느낌을 치유하는 것입니다. 우리는 자신이 이질적이고 적대적인 세계와 이따금 간간이 소통하며, 이 세계에서 연약하고, 길을 잃고, 두려우며, 무엇보다도 죽을 수밖에 없는 존재라고 믿고 느낍니다.

예술의 목적은 경험을 통해 우리의 본래 자연 상태를 회복하게 하는 것입니다. 그 상태에서 우리는 참된 자기가 모든 것과 친밀하게 하나임을 알고 느낍니다. 더 나아가, 예술의 목적은 분리된 내부의 자아가 없으며, 분리된 대상이나 타인, 세계도 없다는 것을 경험으로 드러내는 것입니다. 그 대신에, 하나의 이음매 없고 친밀한 전체가 있습니다. 그것은 늘 움직이고 변하지만 늘 똑같고 늘 현존하며, 몸과 마음, 세계라는 모든 경험의 형태를 취하지만 언제나 자기 자신으로 남아 있습니다.

프랑스의 화가 폴 세잔은 이렇게 말했습니다. "세상의 삶에서 한 순간이 지나갑니다. 그 순간의 현실을 그리기 위해 다른 모든 것을 잊습니다. 그 순간이 되고, 감광판처럼 됩니다. 이전에 일어난 다른 모든 일을 잊고, 우리가 보는 것을 이미지로 표현합니다."

그 순간이 되는 것은 자기 자신이 그 순간임을, 순간순간 경험의 전체임을 아는 것입니다. 자기 자신이 이 순간과 모든 순간의 실체임을 아는 것입니다. 예술가로서 '이미지로 표현하는 것'은 이런 이해를 나르는 도구를 만드는 것, 단순히 나르는 것이 아니라 전하는 것입니다. 우리가 습관적이고 이원적으로 보는 방식을 잘라 내고 녹이는 힘을 가진 것, 그리고 이렇게 경험으로 이해하도록 촉발하는 것을 만드는 것입니다.

세잔은 파르메니데스, 루미, 크리슈나메논과 다른 사람들이 말로 그랬듯이, 모습이 없지만 늘 현존하는 경험의 실체를 모습으로 최대한 가까이 표현한 시각 이미지를 남겼습니다.

철학자의 길이 생각의 길이고, 헌신자의 길이 사랑이듯이, 예술가의 길은 지각의 길입니다.

세잔은 말했습니다. "새로운 눈으로 관찰된 당근 하나가 혁명을 일으킬 날이 올 것입니다."

그의 말은, 만약 우리가 어떤 것—아무리 단순하고 평범한 것이라도—을 바라보아 그것의 핵심에 참으로 다다른다면, 즉 그 경험의 핵심까지 들어간다면, 우리는 아주 비범한 것을 발견할 것이고, 그로 인해 우리가 자기 자신과 다른 사람들, 세계를 보는 방식에 혁명이 일어날 것이라는 의미였습니다. 이것이야말로 다른 모든 혁명을 무색하게 만드는 참된 혁명입니다.

예술가는 이러한 깨달음을 표현하고 일깨우는 작품, 관람객을 이 경험적 이해로 곧장 데려가는, 즉 이런 혁명을 촉발하는 작품을 만들려고 노력합니다. 예술가는 경험의 실체가 무엇인지를 일깨우는, 경험에 대한 통찰을 담은 장면을 재현하려고, 관람객을 경험의 실체로 이끄는 힘을 가진 작품을 만들려고 합니다.

프랑스 화가 피에르 보나르가 포착하려 했던 것이 바로 이것입니다. 그는 생각이 세계를 지각하는 주체와 지각되는 대상으로, 그 대상을 다시 '만물'로 세분화하기 이전, 시간을 초월한 지각의 순간을 포착하려 했습니다.

보나르의 눈에 비친 그 순간은 어떤 모습이었을까요? 색채와 강렬함, 조화로 가득하며 생명력으로 춤추는 세계였습니다. 욕조 가장자리나 낡은 마룻바닥이 뺨의 곡선이나 손짓과 같은 관심, 같은 사랑을 받는 세계였습니다.

윌리엄 블레이크가 관심을 불러일으키고 싶었던 것도 바로 그 순간이었습니다. 어느 날 "해가 떠오를 때는 금화 같은 불의 원반으로 보이지 않나요?"라는 질문을 받자, 그는 "오, 아니요, 아닙니다! 저는 수많은 천상의 무리가 '영광, 영광, 전능하신 주 하나님께 영광을!'이라고 외치는 것을 봅니다!"라고 대답하였습니다.

마찬가지로, 윌리엄 터너가 어느 늦은 저녁 그림 하나를 팔에 끼고 햄스테드 히스에서 집으로 돌아오는데, 동네 사람이 그를 멈춰 세우고는 그림을 보여 달라고 했습니다. 한참 그림을 살펴본 동네 사람이 "터너 씨, 햄스테드 히스에서 저렇게 해가 지는 모습은 본 적이 없어요."라고 말하자, 터너는 "예, 하지만 당신도 그런 모습을 볼 수 있기를 바라지 않나요?"라고 대답했습니다.

예술가의 몸과 마음은 자연이 자기를 자기에게 이해시켜 주는 매개체입니다. 그것은 자연이 자기의 정체성을 탐구하고 깨닫는 매개체입니다. 세잔이 말했듯이, "나는 풍경의 주관적 의식이 되고 내 그림은 풍경의 객관적 의식이 됩니다."

• • •

창밖을 보세요. 생각이 일어나서 그것을 거리나 빌딩, 풍경이라고 부를 시간을 갖기 전, 그 시간 없는 순간, 거기에 무엇이 있나요? 생각이 아니라 경험으로 이 문제에 천천히 답해 보세요.

생각이 그것을 지각, 지각함, 또는 단순히 경험함이라고 부를 시간을 갖기 전, 거기에 무엇이 있나요? 생각이 일어나서 우리의 참된 자기가 몸속에 있다고 여길 시간을 갖기 전, 거기에 무엇이 있나요?

그 찰나의 순간은 실제로는 시간의 순간이 아닙니다. 그것은 유일하고 늘 현존하는 지금입니다. 그것이 바로 피에르 보나르가 형상화하려고 했던 것입니다.

우리가 참으로 보거나 경험할 때는 생각이 들어설 공간이 없습니다. 순수한 경험에는 분리된 내부의 자아, 분리된 외부의 대상이나 타인, 세계가 들어설 공간이 전혀 없습니다. 우리에게 알려지는 것은 순수한 경험이 전부입니다.

이 시간 없고 생각 없는 순수한 지각의 경험을 가리켜 우리는 아름다움을 경험한다고 말합니다. 생각이 다시 나타나서 지각을 다시 두 부분—내부의 자아와 외부의 대상, 타인, 세계—으로 나눌 때, 생각은 내부의 자아가 아름다움을 경험하며, 대상이나 타인, 세계는 그 자체로 아름답다고 상상합니다. 다시 말해, 생각은 아름다움이 대상들에 속한 것이라고 상상합니다.

아름다움은 생각의 이원적 해석을 거치지 않은 경험에 주어지는 이름 가운데 하나입니다.

모든 감정이 사랑으로 이루어지듯이, 모든 지각은 아름다움으로 이루어집니다. 사실, 아름다움과 사랑은 같은 것입니다. 둘은 모든 경험의 본성입니다. '아름다움'은 지각이 덧씌워진 믿음들에서 풀려날 때 주로 쓰이는 말이고, '사랑'은 감정이 덧씌워진 믿음들에서 풀려날 때 주로 쓰이는 말일 뿐입니다. 마찬가지로, '이해'는 생각이 덧씌워진 믿음들이나 의심에서 풀려날 때 쓰이는 말입니다.

・・・

아름다움은 실체의 감지입니다. 그것은 앎의 한 형태이며, 우리 경험의 실체가 드러나는 것입니다.

예술은 우리 문화의 근본 문제들인 소외감, 절망감, 분리감, 그리고 사랑에 대한 갈망을 치유합니다.

우리는 예술 작품을 보는 것이 아니라, 그 작품에 참여합니다. 예술의 본질은 우리가 거부했던 세계, 우리와 다르고, 분리되어 있고, 죽은 물질로 이루어져 있다고 여기던 세계를 되찾는 것입니다. 가깝고 친밀하게 가져오는 것입니다. 우리의 참된 자기가 그 세계의 본질과 하나임을 깨닫는 것입니다.

그것은 봄이나 들음으로 이루어진 관계가 아닙니다. 봄이나 들음은 거리가 너무 멉니다. 그것은 사랑, 친밀함, 직접성의 관계입니다. 예술가는 경험의 자유, 순수함, 신선함, 친밀함을 잊지 않는 사람일 뿐입니다.

예술가의 역할은 인류에게 실체(실재, 현실)의 가장 깊은 경험을 전달하는 것입니다. 예술은 기억입니다. 사랑입니다. 예술은 겉모습과 현실을 구분하는 검과 같습니다.

아름다움은 신의 모습입니다.

・・・

우리 문화에서 예술의 목적은 모든 지각의 이 본질을 가리키는 것입니다. 예술의 목적은 지각이 자아들, 대상들, 개체들, 사물들 또는 세계로 이루어진 것처럼 보이게 만드는 덧씌워진 믿음들을 지각에서 제거하고, 지각의 본성이 '아는 존재'라는 우리의 본성과 같음을 밝히는 것입니다.

겉으로 보이는 대상은 그 자체로 아름다운 것이 아닙니다. 참된 예술은 어떤 모습의 재현도 아니고 추상도 아닙니다. 참된 예술은 드러냄이며, 모든 것의 본질은 생명 없는 물질이 아닌 사랑임을 드러냄입니다.

참된 예술 작품은 분명한 봄, 사랑 또는 이해에서 나오는 힘이 있습니다. 이 힘은 생각을 잘라 내거나 서서히 녹여 없애, 경험 자체에서 모든 대상성과 타자성을 벗겨 내며 경험이 날것 그대로 벌거벗고 즉각적이며 친밀한 채로 있게 합니다.

이런 의미에서 모든 참된 가르침은 예술 작품입니다. 사실, 분리되어 있다는 믿음을 거치지 않고, 이 사랑, 아름다움 또는 이해에서 직접 나오는 대상이나 활동은 그 근원을 드러내는 힘이 있습니다.

폴 세잔은 말했습니다. "모든 것은 사라지고 무너집니다. 그렇지 않나요? 자연은 언제나 똑같지만, 우리에게 나타나는 자연의 어떤 것도 지속되는 것은 없습니다. 우리의 예술은 자연의 영원함이 주는 전율, 자연의 요소들, 자연이 변하는 모든 모습을 표현해야 합니다. 예술은 우리에게 자연의 영원함을 맛보게 해 주어야 합니다."

인간의 몸과 마음은 자연의 일부가 아닌가요? '자연의 영원함'—자연에 있는 본질적이면서 늘 현존하는 것—은 우리의 참된 자기인 아는 존재의 늘 현존하는 본질과 같은 것입니다. 모든 진정한 예술은 그것을 관념적으로 가리키는 게 아니라, 직접 가리킵니다. 그런 예술은 겉으로 드러나는 지각의 요소들—보이는 모습, 소리, 맛, 촉감, 냄새—을 특별한 방식으로 배열하여, 우리가 평소 주체와 대상으로 나누어 보는 방식을 무너뜨리고, 순수한 경험함 자체로 들어가도록 꿰뚫고 녹이는 성질이 있습니다. 그것이 바로 아름다움—모든 대상성의 붕괴—입니다. 그것이 바로 사랑—모든 다름의 붕괴—입니다.

예술가와 과학자는 겉보기에 바깥에 있는 것처럼 보이는 세계를 바라보는 경향이 있고, 신비가는 겉보기에 내부에 있는 것처럼 보이는 자아를 바라보는 경향이 있습니다. 우리가 어디에서 시작하는지는 중요하지 않습니다. 왜냐하면 우리가 흔히 생각하는 바깥의 세계와 내부의 자아는 같은 믿음의 두 측면이기 때문입니다. 만약 이런 믿음들 가운데 하나를 탐구하면서 진실을 알고 싶은 바람을 멈추지 않을 만큼 용감하다면, 두 가지 조사는 같은 자리에 이르게 될 것입니다.

외부의 대상이나 세계, 내부의 자아는 이러한 면밀한 조사를 견디지 못하며, 때가 되면 둘 다 무너질 것입니다. 이렇게 무너질 때 분리된 내부의 자아가 죽고, 분리된 외부의 세계도 녹아 없어지며, 날것의 친밀한 경험만 남게 됩니다. 이러한 무너짐은 평화, 행복, 사랑, 아름다움, 이해의 투명한 경험입니다.

우리가 그것을 무엇이라 부르는지는 보통 이러한 무너짐이 어떤 성질의 경험을 통해 일어났는지에 따라 달라집니다. 즉, 무너짐을 촉발한 것이 느낌, 생각, 지각인지에 따라 달라지는 것입니다. 감정으로 촉발되었다면 사랑으로 불리고, 생각으로 촉발되었다면 이해로, 지각으로 촉발되었다면 아름다움으로 불립니다. 이 모든 이름은 한결같이 우리 자신의 **현존**에 대한 투명하고 본질적인 경험을 가리킵니다.

이러한 이해는 우리 문화에서 사라졌습니다. 우리 문화는 평화, 행복, 사랑, 아름다움, 이해를 일반적으로 인식되는 몸과 마음, 세계의 영역 속 경험으로 축소해 버렸습니다. 이와 비슷하게, 현대의 일부 비이원론 표현에서도 오해되고 있습니다. 그들은 행복과 불행, 아름다움과 추함, 평화와 불안을 동등하게 여기며, 단순히 앎 안에서 똑같이 일어나는 반대 쌍들로 여깁니다.

이런 가르침들은 모든 사랑, 아름다움, 이해의 원천인 살아 있는 비이원적 이해를 평등함과 상대성이라는 정치적으로 올바른 체계로 축소해 버렸습니다. 예리하고 분명한 이해가 무지로 인해 왜곡되었습니다. 우리 존재의 실체에 무지하여 생겨난 '분리된 내부의 자아'가 참된 비이원적 이해를 도용하여 자신의 잘못된 믿음을 정당화하고 강화하는 수단으로 사용하고 있습니다.

28.
세계와 앎의 자리바꿈

우리의 경험은 언제나 이음매 없고 친밀한 하나의 전체입니다. 오직 생각만이 그것을 몸과 마음, 세계와 같은 다른 범주들로 나누는 것처럼 보이며, 그것들이 서로 다른 본질로 이루어져 있다고 여깁니다. 사실, 모든 경험은 똑같은 재료로 이루어집니다. 그것은 경험, **앎**, 우리의 참된 자기 또는 '나'라고 불릴 수 있습니다.

경험의 어떤 부분도 다른 부분보다 경험, **앎**, 우리의 참된 자기와 더 가깝거나 멀지 않습니다. 몸, 마음, 세계의 경험이 경험, **앎**, 우리의 참된 자기와 가깝다고 말할 수도 없습니다. 그것은 가까운 것보다 더 가깝습니다. 스크린 위의 영상이 스크린과 얼마나 가까운가요?

경험에는 '두 가지'가 없습니다. 우리의 참된 경험을 바탕으로 철저히 살펴보면, '몸, 마음, 세계의 모든 경험이 **앎**이나 **현존**으로 스며 있거나 가득하다'고 말하는 것조차 정확하지 않습니다. 그렇게 말하면, 먼저 독립된 몸과 마음, 세계가 현존하며, 스펀지가 물에 흠뻑 젖어 들듯이 무언가로 흠뻑 젖어 들 수 있다는 뜻이 되기 때문입니다.

우리가 마음, 몸, 세계의 독립된 실재를 믿는다면, 그런 말은 중간 단계로 유용합니다. 그런 말은 마음, 몸, 세계의 모든 경험이 **앎** 또는 **현존**과 완전히 하나라는 사실에 주목하게 합니다. 모든 경험이 **앎**으로 가득하다는 것이 더욱더 분명해지면, 경험에서 **앎**의 측면이 점점 더 선명해지고, 마음, 몸, 세계의 대상처럼 보이는 측면—변하는 이름과 모습—들은 겉으로 보이는 단단함과 독립성을 잃기 시작합니다.

처음에는 **앎**이 경험의 숨겨지고 실체가 없고 간헐적인 측면처럼 보이는 반면, 마음과 몸, 세계는 명백하고 실체가 있고 안정되고 실재하는 것처럼 보입니다. 그래서 우리는 몸과 마음, 세계라는 대상만을 봅니다. 그러다가 우리의 주의는, **앎**이 마음과 몸, 세계에 관한 모든 경험에 가득하다는 사실에 이끌립니다.

우리의 경험을 더욱 관조할수록, 실제로는 **앎**이 안정되고 늘 현존하며 실체가 있는 경험의 측면이라는 사실이 점차 대다수 경우에 더욱 명백해집니다. 이런 이해가 점점 더 우리 삶의 실제 경험이 되면, 마음과 몸, 세계를 그 자체로 독립된 대상으로 보면서 실재한다고 여기는 인식이 서서히 약해집니다.

이러한 관조는 마음의 수준에서 시작될지 모르지만, 머잖아 우리의 존재 깊숙이 내려가 우리를 완전히 사로잡습니다. 그것은 우리의 생각뿐 아니라 감정과 지각을 가득 채웁니다.

세계와 앎이 자리를 바꿉니다.

· · ·

어느 순간, 전환이 일어납니다. 우리가 마음, 몸, 세계에 있다고 믿었던 실체가 우리의 참된 자기인 앎에 있다는 것이 이해되고 그렇게 경험됩니다.

깨어 있는 상태에서 마음, 몸, 세계를 경험하는 것은 꿈꾸는 상태에서 그것들을 경험하는 것과 점점 더 비슷해집니다. 그 경험은 독립되고 단단하고 분리된 실체처럼 보이던 성질을 잃고, 대신에 앎 위에 덧씌워진 꿈 같은 모습으로 이해되고 그렇게 경험됩니다. 스크린에 나타나는 영상을 계속 보더라도, 우리가 실제로 경험하는 것은 언제나 스크린 자체뿐입니다.

평소 경험이 허상처럼 변하거나 실체가 없어진다는 뜻이 아닙니다. 경험의 실체와 본질이 오직 우리의 존재인 앎의 친밀함으로 이루어져 있음을 알고 그렇게 느낀다는 뜻입니다. 마음과 몸, 세계는 대상으로는 실재하지 않지만, 앎으로는 실재합니다. 마치 영화 속 들판이 들판으로는 실재하지 않지만, 스크린으로는 실재하는 것과 같습니다. 그 들판은 영화의 상상된 관점에서만 들판으로 실재했습니다. 우리의 참된 자기인 앎의 유일한 실제 관점에서 보면, 경험은 언제나 앎으로만 늘 실재합니다.

그래서 마치 어둠이 이른 아침에 빛으로 서서히 대체되듯이, 대상들에게 있던 대상의 속성들이 서서히 사라지며 앎의 현존으로 대체됩니다. 우리는 이렇게 사라지는 일이 언제, 어디서, 어떻게, 왜 일어나는지 알 수 없습니다. 왜냐하면 언제, 어디서, 어떻게, 왜라는 질문 자체가 어둠과 함께 사라지기 때문입니다. 그런 질문들은 더는 질문으로 남아 있지 않습니다.

이러한 전환은 자연스럽습니다. 처음에는 이를 이해하려면 노력이 필요해 보일지 모르지만, 얼마 뒤에는 우리 경험의 진실, 그 진실의 명백함이 저절로 우리에게 각인되기 시작합니다. 이는 마치 언덕 꼭대기에 이른 뒤 반대편으로 걸어 내려가기 시작하는 것과 같습니다. 처음에는 우리의 노력을 방해하는 것 같던 언덕이 이제는 갑자기 우리의 노력에 협조하기 시작합니다.

또는 조각을 맞추어 그림을 완성하는 직소 퍼즐을 한다고 말할 수도 있습니다. 처음에는 조각들이 모호하고 뒤죽박죽이고 연관성이 없는 것처럼 보입니다. 그렇지만 연관되는 조각들을 하나씩 찾아 보면, 그림이 맞춰지기 시작하면서 퍼즐이 더 쉬워지고 명확해집니다. 남은 선택지가 점점 줄어듭니다. 그러면 우리는 분명하고 올바른 길에 들어서며, 모든 것이 빠르게 제자리를 찾아갑니다.

여기에서도 마찬가지입니다. 마음의 모든 반대를 이해로 만나게 되고, 마침내 더는 반대가 남아 있지 않은 때가 옵니다. 처음에 이원성이라는 집을 지은 마음은 자기가 지은 그 집을 해체했습니다.

분리된 내부의 자아와 그에 상응하는 분리된 외부의 대상, 타인, 세계에 대한 (이제는 신뢰할 수 없는) 믿음을 뒷받침하는 것 같았던 나머지 신체 감각들은 그들의 공허한 이야기를 들려주다가, 이해의 빛 속에서 서서히 사라집니다. 이제 우리는 가장자리에, 열려 있음과 알지 못함 가운데 있게 됩니다.

이 지점에서 **앎**은 점점 더 환히 빛나며, 습관적으로 남아 있던 분리감과 '나와 다르다는 느낌'의 마지막 흔적을 녹여 없애고, **앎**이 자기 안에서 자기로 빛나고 있음을 드러냅니다. 녹여 없애는 데 시간이 오래 걸리거나 느려도 괜찮습니다. 더는 기다릴 것도, 갈망할 것도, 부족한 것도 없으며, 기다릴 사람도 없기 때문입니다.

진실 혹은 실체를 향한 우리의 욕망조차 어느 정도 강렬함을 잃게 되어 이제는 욕망이라 부를 수도 없게 됩니다. 여기에는 아무리 고귀한 욕망이라도 욕망이 자리할 공간이 없기 때문입니다. 우리의 욕망은 사랑으로 변형됩니다. 사실, 그것은 '나와 다르다는 느낌'의 얇은 베일에 가려 욕망으로 위장되었을 뿐, 언제나 사랑이었습니다.

그것은 언제나 자기가 찾고 있던 바로 그것이었습니다.

29.
세계의 친절함

질문 분리된 개체가 없다는 사실이 분명히 이해되어도 짜증이나 문젯거리 등을 포함한 모든 것이 이전처럼 계속된다는 말을 가끔 듣습니다. 저는 이러한 이해가 제 삶에 깊은 영향을 줄 것이라고 상상하며 바랐습니다.

분리된 개체가 없다는 것을 경험으로 알게 되면, 이런 이해는 삶에 깊은 영향을 미칩니다. 하지만 삶을 변형시키는 것은 지적인 이해가 아니라, 경험이 '하나임'을 늘 알고 느끼고 그렇게 존재하는 것입니다.

감각과 지각이 이전처럼 계속 일어난다는 것은 사실입니다. 그러나 분리된 개체에 대한 믿음을 입증하고 뒷받침하는 것처럼 보이던 감각들은 사라지며, 그중 대부분은 서서히 사라집니다. 그 결과, 몸과 마음 수준에서 깊은 편안함과 평화로움을 느끼게 됩니다.

이원적인 믿음은 우리의 경험을 지각하는 주체와 지각되는 대상으로 나누는 것처럼 보이지만, 실제로는 그렇게 나누지 못합니다. 그러나 이러한 분리는 현실처럼 보이기에, 그로 인해 자연히 일어나는 괴로움도 똑같이 현실처럼 보입니다. 이러한 근본적인 무지가 드러나면, 이 무지에 의존해 존재하던 생각과 감정, 활동이 극적으로 사라지기도 하지만, 대부분은 점차 사라집니다.

분리되어 있다는 느낌에 의존하는 이런 생각, 느낌, 활동이 여전히 일어날 수 있고, 겉보기에는 이원성에 대한 근본적인 믿음으로 유지되던 이전의 생각, 느낌, 활동과 똑같아 보일 수 있겠지만, 실제로는 같지 않습니다. 그것들은 마치 불타 버렸지만 잠시 이전의 형태를 유지하는 듯한 밧줄과 같습니다. 밧줄에 대고 '후우' 불어 보면, 더는 실체가 남아 있지 않음을 알게 됩니다. 그것은 텅 비어 있고 속이 비었습니다. 완전히 불타 버린 것입니다.

이원성에 대한 근본적인 믿음에 의존하던[13] 생각과 감정, 활동만이 더는 나타나지 않습니다. 다른 모든 생각, 이미지, 감각과 지각은 이전처럼 계속 나타납니다. 이렇게 하여 마음은 한때 그 활동의 대부분을 특징짓던 불안, 혼란, 갈망, 괴로움, 중독, 가만히 있지 못함, 방어적인 태도 등에서 벗어나게 됩니다. 자유, 창조성, 평화, 사랑, 유머, 따뜻함, 친절함, 지성은 마음의 자연스러운 성향이 됩니다.

---

13 예를 들어, 나와 나 아닌 것, 좋음과 나쁨, 선과 악 등 전체를 둘로 나누어 보는 믿음에 의존하던. -옮긴이

몸의 겉모습은 이전처럼 계속되며, 신체의 통증을 겪는 등 일반적인 자연의 법칙을 따르지만, 존재하지 않는 자아의 끝없는 요구를 만족시켜야 하는 끔찍하고 달성 불가능한 부담에서는 벗어나게 됩니다. 그 결과, 몸 수준에서 깊은 이완이 일어나며 몸의 가장 깊은 층들까지 침투합니다. 몸은 서서히 자연스럽고 유기적인 편안함을 회복합니다. 몸은 열려 있고 사랑하며 민감하고 가볍고 넓게 느껴집니다.

세계—즉, 감각의 지각들—도 이전처럼 계속되지만, 나와 다르다는, 내가 아니라는 느낌에서 벗어납니다. 우리는 세계를 더는 우리 자신과 떨어져 있는 것으로 경험하지 않습니다. 이제 세계는 더는 상상된 자아에게 평화와 사랑, 행복을 줄 잠재적인 원천이 아니며, 그러므로 불행을 줄 잠재적인 원천도 아닙니다. 세계는 더 가까울 수 없을 만큼 가까운 것으로 경험됩니다. 세계는 친밀하고 생생하고 활기차며 친절한 것으로 경험됩니다. 사실, 우리는 더는 세계를 대상으로 경험하지 않습니다. 우리가 바로 세계입니다. 앎과 경험은 하나임이 드러납니다.

사실은 '우리'라는 것도 없고, 마찬가지로 '세계'도 없습니다. 우리는 이제 세계를 아는 앎을 세계의 있음, 세계의 존재와 분리하지 않습니다. 세계를 아는 앎과 세계의 존재가 하나이며 같은 경험임을 깨달을 때, 우리는 사랑이란 우리가 다른 사람에게, 세상에 하는 행위가 아니라, 모든 경험에 본래 내재한 본성임을 깨닫습니다. 사랑과 분리된 것은 아무것도 없습니다.

세계를 알면 세계로 존재하고, 세계로 존재하면 세계를 사랑합니다.

• • •

이제 짜증과 문젯거리 등이 이전처럼 계속된다는 말을 살펴보겠습니다. 먼저, 우리가 지금 얘기하는 것은 실용적인 문제가 아니라 심리 문제라는 점을 분명히 밝힙니다. 고장 난 자동차의 수리, 집이 화재로 타 버렸을 때 보험 처리, 돈 문제와 건강 문제 같은 실생활 문제들은 효율적이고 실용적으로 처리하고 심리적으로 개입하지 않아도 되니까 심리적인 흔적을 남기지 않습니다. 이런 일들은 심리적 대응물이 없는 실생활 문제이므로 단순하고 효율적으로 처리할 수 있으며, 그로 인해 괴로움을 일으키지 않습니다.

짜증, 분노, 권태, 질투 등과 같은 심리 문제들이 이전처럼 계속되는 일에 관해 얘기하고 있음을 확인했으니, 이제 구체적으로 물을 수 있습니다. 이러한 반응들이 앞으로도 계속 이어질까요? 대답은 아주 간단합니다. '아니요.' 하지만 이 분리된 개체를 대신하여 생각하고 느끼는 오래된 패턴들이 습관적으로 계속되는 기간은 있을 수 있습니다. 그런 패턴들은 시간이 지나면서 사라집니다.

그런데 짜증, 분노, 질투와 같은 심리 문제들은 계속 일어나는 것이라고 주장하면서, 그런 반응을 "모든 것은 똑같이 앎의 표현입니다", "모든 것은 저절로 일어날 뿐입니다", "행위자는 없습니다"와 같은 비이원적 견해로 정당화하려는 것은 정직하지 않은 태도입니다. 이는 사이비 아드바이타(advaita, 비이원론)이며, 분리감에서 나오는 반응을 비이원적 이해에서 나오는 반응인 양 가장하며 정당화하는 행위입니다.

이 모든 심리 문제는 괴로움의 형태이며, 괴로움은 본래 자신이 분리된 존재라는 믿음 주위를 언제나 맴돌기 마련입니다. 조만간 그 사실을 직면할 정직과 용기가 필요합니다.

우리는 잠시 자기를 속일 수 있습니다. 겉보기에 분리된 자아의 전체 메커니즘을 꿰뚫어 보았다고 생각하면서도 계속 괴로움을 겪는 것입니다. 그렇지만 조만간 괴로움에 내재한 추구가 (분리된 자아감이 도용한) 비이원적 믿음의 얇은 외피를 뚫고 나와 다시 추구하기 시작할 것입니다.

6부

경험

30.
경험의 친밀함

우리가 아는 모든 것은 경험함(experiencing, 현재 경험)이라는 것을 분명히 보세요. 우리가 경험 바깥의 어떤 것을 알거나 알 수 있나요? 생각, 이미지, 기억, 감정, 신체 감각과 세계의 지각에 관해 우리가 유일하게 아는 것은 경험함입니다. 우리가 몸과 마음, 세계에 관해 아는 것 가운데 경험함 말고 다른 어떤 실체가 현존하나요? 그러한 실체를 찾거나 상상하려고 해 보세요.

우리는 흔히 경험이라는 행위를 통해 세계와 연결된다고 생각합니다. 우리는 세계가 그 자체로 분리되고 독립된 객체로 존재하며, 분리되고 독립된 주체인 우리와 알고 느끼고 지각하는 행위를 통해, 즉 경험을 통해 연결된다고 믿습니다.

그런데 그런 세계를 경험한 적이 있나요? 만약 우리가 그런 세계를 안다면, 그 세계의 존재는 우리의 경험 안에 있을 것입니다. 우리는 그렇게 독립하여 존재하는 세계를 경험하지 않습니다. 경험을 알 뿐입니다. 이것이 그런 세계가 존재하지 않는다는 증거는 아닙니다. 우리의 제한된 마음으로는 그렇게 단정할 수 없습니다. 하지만 이는 우리가 아는 것은 경험이 전부라는 사실에 주목하게 합니다.

경험함은 어디에서 일어나나요? 몸, 마음, 세계에서 일어나나요? 아닙니다. 몸, 마음, 세계에 관해 우리가 아는 것은 전부 경험함으로 이루어집니다. 경험함은 어떤 장소에서, 몸이나 마음, 세계 안에서 일어나지 않습니다. 몸, 마음, 세계가 경험함 안에서 일어납니다. 사실은 경험함 안에서 일어나는 것도 아니며, 우리의 경험에서는 그것들이 단순히 경험함으로 이루어집니다.

경험함이 어디에서 일어나는지 찾아보세요. 그리고 당신이 떠올린 모든 장소가 순전히 경험함으로만 이루어져 있음을 보세요.

바다가 물에게 "너는 어디에서 일어나지? 너는 어디에 존재하지?"라고 묻는 모습을 상상해 보세요. 물은 바다 안에서 일어나는 게 아닙니다. 바다가 물일 뿐입니다.

우리의 참된 자기와 경험함은 어떤 관계인가요? 경험함 가운데 우리의 참된 자기로 완전히, 친밀하게 가득하지 않은 부분이 있나요? 사실, 두 가지 실체―경험함이라는 하나, 우리의 참된 자기라는 둘―를 발견할 수 있나요? 아니면, 경험함과 우리의 참된 자기는 완전히 하나, 나눌 수 없는 하나, 이음매 없는 하나인가요?

바다와 물은 어떤 관계인가요? 서로 관련지을 수 있는 두 가지 사물—바다인 하나, 물인 둘—이 있나요? 아닙니다!

마찬가지로, 우리의 경험에는 두 가지 요소가 현존하지 않습니다. 경험함은, 경험을 아는 앎으로만 이루어진 하나의 이음매 없는 실체입니다. '앎' 또는 '경험함'만 있습니다. 아는 주체인 분리된 내부의 자아도 없고, 알려지는 대상인 바깥의 대상, 타인, 세상도 없습니다. 오직 이음매 없고 친밀한 앎 또는 경험함만 있을 뿐, 분리된 부분들, 대상들, 개체들, 자아들, 타인들은 실제로 발견되지 않습니다.

거리, 시간, 분리, 다름의 여지가 없는 이 이음매 없는 친밀함이 사랑입니다.

• • •

경험함 중에서 다른 부분보다 경험함에 더 가깝거나 먼 부분을 찾을 수 있나요? 새소리나 자동차 소리는 우리의 가장 친밀한 느낌보다 경험에서 더 멀리 떨어져 있나요? 아닙니다. 새소리나 자동차 소리에 관해 우리가 아는 것은 들음뿐이며, 들음은 여기에서 일어납니다. 공간 속 하나의 위치인 여기가 아니라, 이 위치 없는 친밀함 가운데의 여기에서 일어납니다.

생각은 들음의 친밀함을 둘로 나눕니다. 듣는 주체인 내부의 자아, 들리는 대상인 바깥의 새 또는 자동차들로…. 그러나 경험은 그런 것을 알지 못합니다. 경험의 관점에서 볼 때는 오직 순수하고 이음매 없고 친밀한 경험 자체만 있습니다.

세계에 관한 경험으로 가 보세요. 눈을 감으면, 세계에 관해 우리가 아는 것은 자동차 소리나 우리의 몸이 앉아 있는 의자의 느낌뿐입니다. 생각은 자동차와 의자가 둘 다 우리의 참된 자기와 분리되어 있고 다르다고 말합니다. 또한 자동차 소리는 50미터 밖에서 일어나고, 의자는 가까이 있으며 생명 없는 물질로 이루어졌다고 말합니다. 하지만 경험은 뭐라고 말하나요?

지금 들리는 자동차 소리나 다른 소음들로 가 보세요. 직접 경험만 참고하고, 생각이나 기억은 참고하지 마세요. 경험에만 의지한다는 것을 확실히 하기 위해, 우리는 이 소리를 난생처음 경험한다고 상상할 수도 있습니다. 우리는 지금 경험하는 자동차 소리나 새소리에 관해 아무것도 알지 못합니다. 사실은 그것이 '자동차'인지 '새'인지조차 알지 못합니다. 그것은 단지 순수한 들음입니다.

듣는 경험 외에 우리가 자동차나 새에 관해 아는 것은 무엇인가요? 들음은 어디에서 일어나나요? 50미터 밖인가요? 5미터 밖인가요? 아니면, 그 들음은 우리 자신과 친밀하게 완전히 하나인가요? 몸이나 마음인 우리 자신이 아니라, 이 민감하고 아는 **현존**인 우리 자신과 말입니다.

사실, 우리는 듣는 경험 가운데에서 두 가지—이 아는 **현존**인 나 자신이라는 하나, 듣는 경험이라는 둘—를 찾을 수 있나요? 아니면, 그것들은 친밀하게 완전히 하나인가요?

우리 자신인 이 민감하며 아는 **현존** 외에, 듣는 경험 가운데 현존하는 어떤 실체가 있나요? 듣는 경험 가운데에서 두 가지 실체—나 자신이라는 하나, 들음이라는 둘—를 찾을 수 있나요? 아니면, 그것은 완전히 친밀한 하나의 실체일 뿐인가요?

이제 의자처럼 이른바 바깥 세계에 있는 대상은 어떨까요? 눈을 감으면, 의자에 관한 우리의 유일한 경험은 감각하는 경험뿐입니다. 감각하는 경험은 어디에서 일어나나요? 우리의 참된 자기`에게서 멀리 떨어진 곳에서 일어나나요? 그 경험은 얼마나 친밀한가요?

감각하는 경험은 두 부분—감각하는 부분, 감각되는 다른 부분—으로 이루어져 있나요? 아니면, 친밀하고 이음매 없는 경험인가요? 감각하는 경험은 죽어서 생명력이 없나요, 아니면 우리 참된 자기의 살아 있음과 앎으로 가득한가요? 우리는 정말로 생명력이 없는 물질을 경험하나요, 아니면 살아 있고 생생한 감각을 경험하나요?

만약 우리가 이제 눈을 뜨고, 의자의 모습이 의자가 독립된 객관적 존재임을 확인해 준다고 주장한다면, 의자의 모습은 보는 경험으로만 이루어진다는 것을 알기 바랍니다. 봄은 어디에서 일어나나요? 그것은 얼마나 친밀한가요? 거기에 어떤 생명력 없는 물질이 있나요? 봄 가운데 어떤 부분이라도 우리 참된 자기의 친밀하고 아는 **현존**으로 가득하지 않은 부분이 있나요? 사실, 봄에 부분들이 있나요?

보는 형태를 띠고 있는 것은 우리의 참된 자기인 아는 **현존**입니다. 거기에는 우리 존재의 친밀함 말고는 아무것도 없습니다. 오직 생각만이 이 이음매 없는 친밀함을 '나'인 부분과 '나 아닌' 부분으로 나눌 뿐입니다. 이 부분들은 생각에만 있는 것이지, 우리의 참된 자기, 즉 경험에 있는 것이 아닙니다.

우리의 참된 자기는 의자 위에 앉아 있지 않음을 보세요. 우리는 방으로 걸어 들어가지 않았습니다. 그저 감각함과 봄이 있을 뿐이며, 감각함과 봄은 특정한 곳에서 일어나지 않습니다, 모든 곳은 감각함과 봄, 즉 우리의 참된 자기로 이루어집니다. 우리가 모든 장소 안에 있는 것이 아니라, 모든 장소가 우리 안에 있습니다.

• • •

우리 자신에게서 엄청나게 멀리 떨어져 있는 것 같은 달은 어떨까요? 달에 관해 우리가 유일하게 아는 것은 보는 경험뿐이며, 봄은 여기에서 일어납니다. 이 '여기'는 공간 속 하나의 위치가 아니라, 우리 존재의 이 친밀함 안에 있습니다. 봄은 우리 자신의 존재와 분리될 수 없으며, 그 존재로 이루어집니다. 진실로 경험에는 거리가, 즉 공간이 없습니다.

이제 몸으로, 예를 들어 발바닥으로 가 보세요. 발바닥에 관해 우리가 유일하게 아는 것은 현재의 감각뿐입니다. 생각은 특정한 모양, 무게, 위치, 색 등등의 발을 상상하지만, 경험이 아는 것은 오직 감각함뿐입니다.

감각함이 어디에서 일어나요? 우리의 참된 자기에서 멀리 떨어진 곳에서 일어나요? 거기에 두 가지 실체—우리의 참된 자기인 아는 **현존**이라는 하나, 감각하는 경험이라는 둘—가 있나요? 아니면, 순수하고 이음매 없는 경험의 친밀함만 있을 뿐, 서로 떨어진 곳에 있을 수 있는 분리된 부분들이나 개체들은 없나요?

(몸이라 불리는) 감각하는 경험은 (달이라 불리는) 보는 경험보다 우리의 참된 자기에 더 가까이 일어나나요? 경험에 가까이 머물고, 생각으로 들어가지 마세요. 감각하는 경험과 보는 경험을 둘 다 앞에 두고 살펴보듯이 관찰해 보세요.

생각은 몸의 감각이 가깝고 달의 모습은 멀리 있다고 말합니다. 하지만 경험은 뭐라고 말하나요? 봄은 감각함보다 우리의 참된 자기에게서 더 멀리 떨어진 곳에서 일어나나요? 아니면, 봄과 감각함은 둘 다 완전히 똑같이 친밀하며, 우리 자신의 아는 **현존**으로만 이루어져 있지 않나요?

이제 우리 경험의 셋째 영역인 마음으로 가 봅시다. 사실, 사람들이 흔히 상상하는 마음을 발견한 사람은 이제껏 아무도 없습니다. 우리는 현재의 생각이나 이미지만을 알 뿐입니다. 실제로는 그조차 진실이 아닙니다. 아무도 생각이나 이미지를 발견한 적이 없습니다. 우리는 단지 생각하는 경험, 상상하는 경험을 알 뿐입니다.

생각은 우리의 참된 자기에게서 얼마나 멀리 있나요? 생각과 우리의 참된 자기 사이에 거리가 있나요? 거기에 두 가지 실체―우리의 참된 자기인 아는 **현존**이라는 하나, 생각하는 경험이라는 둘―가 있나요? 아니면, 그 둘은 완전히 친밀하게 하나인가요? 친밀하게 하나가 될 둘이 애초에 없다는 것을 분명히 보세요. 처음부터 순수한 친밀함이 있으며, 생각 속에서 관념적으로만 두 부분으로 나뉠 뿐입니다.

이제 우리의 믿음으로 돌아가 봅시다. 우리는 생각과 감정을 가장 가깝고 친밀한 경험의 측면이라고 믿으며, 몸은 조금 덜 가깝지만 우리 자신이라 여기고, 마지막으로 대상과 타인, 세계는 멀리 떨어져 있고, 우리의 존재와 분리되어 있으며 우리 존재의 친밀함이 아닌 다른 것으로 이루어져 있다고 믿습니다.

마음, 몸, 세계에 관해 우리가 유일하게 아는 것은 생각하고 감각하고 지각하는 경험뿐입니다. 생각함은 감각함보다 우리의 참된 자기와 더 가깝고, 감각함은 지각함―봄, 들음, 접촉함, 맛봄, 냄새 맡음―보다 더 가깝나요? 아니면, 그 모든 것은 똑같이 가깝나요? 사실은 가까운 것도 아니고, 가까운 것보다 더 가까우며, 우리의 참된 자기와 분리할 수 없나요?

애초에 경험에 두 가지 요소—우리의 참된 자기인 아는 **현존**이라는 하나, 감각하고 생각하고 지각하는 경험이라는 둘—가 있나요? 아니면, 단지 경험함이라는 날것의 친밀함만 있나요?

• • •

물질은 관념이며, 경험이 아님을 분명히 보세요. 물질은 그리스인들이 2,500년 전에 발명한 관념이지만, 이상하게도 과학자들은 여전히 그것을 찾고 있습니다. 물론 그들은 일반적으로 생각하는 방식의 물질은 발견하지 못할 것입니다. 왜냐하면 그들이 무엇을 발견하든 그 모든 것은 언제나 경험함으로 이루어질 것이며, 경험함은 우리 존재의 친밀함으로만 이루어지기 때문입니다.

우주의 궁극적인 실체는 이 현재의 경험으로 이루어진 것입니다. 우리는 사실을 발견하기 위해 과학자나 예술가, 신비주의자가 될 필요는 없습니다. 사실, 이 사실을 발견할 때 우리는 진정한 과학자, 예술가 또는 신비주의자가 됩니다.

당근 하나, 낯선 사람의 얼굴, 방 한쪽 구석에 놓인 낡은 의자, 머나먼 은하계, 아원자 입자, 우리 손에 있는 이 책… 그런 것들에 관해 우리가 유일하게 아는 것은 순수한 경험함, 우리 자신의 친밀한 **현존**뿐입니다.

사실, 우리는 그런 '것들'을 경험하는 게 전혀 아닙니다. 경험을 알 뿐입니다. 경험을 아는 것은 무엇일까요? 경험은 경험 자체 외의 다른 것으로 알려지는 게 아닙니다. 경험이 경험 자체를 압니다. 오직 자기로 존재하는 동시에 자기를 아는 우리의 참된 자기, 아는 **현존**의 경험이 있을 뿐입니다.

이 친밀함, 다름 없음이 사랑의 경험입니다. 알려지는 모든 것은 우리의 참된 자기, 즉 아는 **현존**입니다. 그것은 경험의 모든 세세한 부분에서 자기로 존재하며, 자기를 알고, 자기를 사랑합니다.

31.
지금의 친밀함과 직접성

우리가 아는 모든 것은 경험함임을 분명히 보세요. 그렇지만 경험함은 자신 외의 다른 것 혹은 다른 사람에 의해 알려지지 않습니다. 경험함을 경험하는 것은 경험함입니다.

우리의 실제 경험에서 내부의 자아와 외부의 세계는 어디에 있나요? 순수한 경험함과 친밀하게 머무르면서, 그런 자아나 세계가 있는지 찾아보세요.

순수한 경험함에서 내부와 외부를 나누는 경계선은 어디에 있나요? 경험을 조사해 보면서 이 경계선을 찾아보세요.

순수한 경험함의 이 절대적인 친밀함이 바로 우리가 사랑이라 부르는 것입니다. 그것은 거리나 분리, 다름이 없습니다. 거기에는 둘이 있을 자리가 없습니다. 사랑은 순수한 둘-아님의 경험입니다.

'나'와 '나 아님'이라는 꼬리표가 얼마나 인위적인 것인지 분명히 보세요. 우리는 참된 자기 아닌 것을 경험한 적이 없으며, 경험할 수도 없습니다. 그런데 우리의 참된 자기를 경험하는 것은 무엇일까요? 오직 우리의 참된 자기뿐입니다! 경험에는 하나의 실체만 있을 뿐이며, 그것은 앎으로 가득하고 앎으로 이루어집니다. 비이원성에 관한 고전적인 언어에서는 간혹 이를 "앎은 자기만을 안다'라는 문장으로 표현하지만, 이는 추상적인 말로 들릴 수도 있습니다.

이 말은 단순히 이음매 없는 경험의 친밀함을 묘사하려는 시도일 뿐이며, 경험에는 자아나 대상, 타인, 세계가 자리할 여지가 없습니다. 경험에서 한 걸음 물러나 행복이나 불행, 옳거나 그름, 좋거나 나쁨을 발견할 여지도 없습니다. 경험에는 지금에서 빠져나와 상상 속 과거로 들어갈 시간이 없고, 우리가 어떻게든 변하고 진보하고 발전할 미래로 들어갈 시간도 없습니다. 사랑의 친밀함에서 벗어나 타자와의 관계로 들어갈 가능성이 없습니다. 앎이 아닌 것을 알고, 있음이 아닌 것으로 있으며, 사랑이 아닌 것을 사랑할 가능성이 없습니다. 경험의 친밀함을 마음의 추상적인 형태들로 틀 지우려는 생각이 일어날 가능성도 없습니다. 경험에는 우리의 참된 자기가 하나의 자아, 하나의 조각, 하나의 부분이 될 가능성도 없습니다. 세계가 외부로 나가고 자신이 내부로 수축될 가능성도 없습니다. 시간, 거리, 공간이 나타날 가능성도 없습니다.

• • •

이 이음매 없는 경험의 친밀함을 무엇이라 부를 수 있을까요? 그것의 본질은 무엇일까요? 그것을 '하나'라고 부른다면, 우리는 하나보다 많거나 적은 것이 있을 가능성을 미묘하게 암시하는 셈입니다. 그래서 옛사람들은 지혜와 겸손함으로 이러한 이해를 '하나'라고 부르는 대신에 '둘 아님'이라고 불렀습니다. 그들은 '하나'라고 말하는 것이 하나인 것에 관해 너무 많이 말하는 것임을 알았습니다.

오직 생각만이 경험에 이름을 붙이거나 경험의 궁극적인 본성을 찾으려고 합니다. 우리의 참된 자기인 아는 **현존**은 그렇게 하지 않습니다. 경험은 몸, 마음, 세계로 이루어지고, 몸, 마음, 세계는 감각, 생각, 지각으로 이루어지며, 감각, 생각, 지각은 감각함, 생각함, 지각함으로 이루어지고, 감각함, 생각함, 지각함은 우리의 참된 자기로 이루어진다고 말하는 것은 오직 생각뿐입니다. 이 모든 미묘하거나 덜 미묘한 대상들은 오직 생각을 위한 것입니다. 사실, 이 모든 것은 생각이라고 말하는 것도 오직 생각뿐입니다. 경험 그 자체는 그러한 것을 알지 못합니다.

경험 자체는 감각, 생각, 지각은커녕 감각함, 생각함, 지각함조차 알지 못합니다. 경험 자체는 자신과 너무나 친밀하여, 자신을 '무엇'으로 개념화하는 것은 고사하고, 자신에게서 물러날 수도 없습니다. 경험은 자신이 '경험'인지도 알지 못합니다. 자신이 경험인지를 알려면, 경험은 자신을 두 부분—알고 경험하고 묘사하는 부분, 알려지고 경험되고 묘사되는 다른 부분—으로 나누어야 합니다.

이렇게 하려면 어떻게 해야 할까요? 유일한 방법은 생각의 형태를 취하는 것입니다. 그렇게 되면, 순수하고 묘사할 수 없고 이음매 없는 친밀함은 두 가지 허구적인 부분―알고 사랑하고 지각하는 한 부분, 알려지고 사랑받고 지각되는 다른 부분―으로 나뉠 수 있습니다. 이렇게 하려면 순수하고 묘사할 수 없고 이음매 없는 친밀함이 무너져서, 분리된 내부의 자아와 분리된 외부의 대상 또는 세계로 나뉘어야 합니다. 그것은 사랑의 친밀함을 포기하고, 대상들, 시간과 공간으로 이루어진 상상된 세계를 떠도는 하나의 분리된 자아가 되어야 합니다.

그런 일은 결코 일어나지 않습니다. 그 모든 일은 오직 생각 안에서만 일어나며, 생각조차도 생각에만 생각일 뿐입니다.

• • •

생각은 경험의 핵심에 다다를 수 없다는 사실이 머지않아 분명해집니다. 생각은 그 핵심에서 멀어지는 것처럼 보일 뿐입니다. 그렇다는 것을 분명히 보게 되면, 생각은 자연스러운 종말을 맞이하게 됩니다. 우리는 '지금'의 친밀함과 직접성에 빠져듭니다.

'지금'의 친밀함과 직접성은 생각이 들어갈 수 없는 유일한 장소입니다. '지금'은 우리의 유일한 안전지대입니다. 그것은 완전히 취약하면서도 완전히 안전합니다. 지금 안에서는 어떤 해악도, 슬픔도, 죽음도 우리에게 다가올 수 없습니다. 우리의 모든 갈망은 오직 이것만을 갈망합니다.

바닷속에서 물을 찾고 있는 물고기처럼, 모든 저항과 추구(즉, 분리된 내부의 자아)는 이미 자신이 찾고 있는 바로 그것으로 이루어져 있습니다. 그러나 그것은 찾고 있는 것을 찾을 수 없습니다.

'지금'으로 들어가려고 애쓰는 생각은 불꽃에 닿으려고 애쓰는 나방과 같습니다. 나방은 불꽃에 닿을 수 없으며, 그 안에서 죽을 뿐입니다.

한동안은 생각이 몸에 남겨 놓은 잔여물이 계속 올라오면서, 이전처럼 평화와 행복, 사랑을 찾으려 할 것입니다. 그것은 존재하지 않는 자아가 경험에 늘 현존하는 한 가지를 존재하지 않는 세상에서 찾으려는 시도입니다. 하지만 머지않아 이러한 잔여물은 메아리처럼 점차 사라집니다.

우리가 긴 여정 끝에 발견한 것은 경험은 다시 경험일 뿐이라는 사실인 것 같습니다. 경험은 늘 그랬듯이 지금입니다. 그러나 무언가가 사라졌습니다. 우리는 이런 일이 언제, 어떻게, 왜 일어났는지 모를 수도 있고, 그 일이 우리의 강렬한 탐색에 반응하여 일어난 것처럼 보일 수도 있습니다. 어느 쪽이든 모든 경험은 이제 우리 존재의 친밀함으로 가득합니다.

우리는 이른바 세상으로 다시 들어갈 수도 있지만, 이번에는 동기가 없습니다. 우리의 이 몸과 마음의 성향은 계산 없이 자연스럽게 움직이며, 분리된 자아의 흔적을 남기지 않습니다.

우리는 여전히 욕망이 있을 수 있지만, 그것들은 더는 평화와 행복, 사랑을 찾으려는 동기로 움직이지 않습니다. 평화와 행복, 사랑을 표현하고 나누고 온전히 누리려 할 뿐입니다.

32.
어떤 자아를 탐구하고 있나요?

질문 여기에서 우리는 어떤 자아를 탐구하고 있나요? 가짜 자아와 진짜 자아가 있는 것 같고, 자기의 참된 본성을 탐구하면서 가짜 자아를 더 깊이 살펴볼수록 가짜 자아가 해체되면서 진짜 자아의 실체가 밝혀지는 것 같습니다.

여기에서 탐구하는 자아는 우리가 매 순간 자신이라고 생각하고 느끼는 자아입니다. 이렇게 자기 자신인 것처럼 보이는 것을 자세히 살펴보면, 진정한 우리 자신인 참된 자기를 깨닫게 됩니다.

이 현재 상황에서 '나'는 이런 말들을 알거나 경험하는 그것에 우리가 붙이는 이름입니다. 그것은 그 밖에도 자동차 소리, 신체 감각, 가장 친밀한 생각 등 무엇이든 지금 경험되는 것을 알거나 경험하고 있습니다. 그것은 모든 경험에서 알거나 경험하는 요소이며, 당연히 현존합니다.

그러므로 앎과 **현존**은 우리의 참된 자기에 본래 있습니다. 이런 까닭에 우리의 참된 자기를 때로는 아는 **현존** 또는 앎(즉, 아는 그것의 **현존**, 또는 우리의 존재를 앎)이라고 부릅니다.

나는 지금 있으며, 내가 지금 있다는 것을 압니다.

자기 탐구란 우리 참된 자기의 본성을 살펴보는 것입니다. 알고 현존한다는 것 말고, 우리가 경험을 바탕으로 참된 자기에 관해 무슨 말을 할 수 있을까요?

대다수 사람은 이 아는 **현존**이 몸 안에 있는 개체인 동시에 몸이라는 것을 당연하게 여깁니다. 그렇지만 여기에서는 아무것도 당연하게 여기지 않습니다. 우리가 친숙하게 우리 자신으로 알고 있는 이 자기에 관한 진실을 알아내는 유일한 방법은 그것을 자세히 살펴보는 것입니다.

그러니 지금 당장, 말하자면 돌아서서, 이런 말들을 아는 그것에 주의를 기울여 보세요. 생각, 신체 감각, 지각 등 무엇이든 지금 나타나는 것을 아는 그것에 주의를 기울여 보세요. 그것을 찾아내 바라보려고 해 보세요.

이렇게 하려고 해 보면 이상한 일이 벌어집니다. 이 아는 **현존**은 부정할 수 없이 현존하지만, 우리가 그것을 찾으려 하면 하나의 대상으로는 찾을 수가 없습니다. 사실, 우리는 그것을 찾기 위해 어느 방향으로 돌아서야 하는지도 알지 못합니다. 바로 그 경험에서, 우리의 참된 자기인 아는 **현존**이 몸 안에 또는 몸으로서 있는 개체라는 믿음이 드러나고 약해집니다.

우리의 경험을 점점 더 탐구해 보면, 우리의 참된 자기가 어디에 위치해 있고 제한되어 있다는 믿음을 뒷받침하는 경험적 증거는 전혀 없다는 사실을 발견합니다. 이러한 확신은 우리의 존재에 아무 제한도 위치도 없다는 경험—우리 참된 자기의 자기 경험—에서 옵니다.

아이러니하게도 우리의 존재가 이원적 생각으로 왜곡되어 보이지 않고 자기 자신에게 분명히 밝혀지면, 우리는 동시에 자신이 늘 이 한계 없고 위치 없는 **현존**이었을 뿐임을 봅니다. 우리의 참된 자기에게는 다른 자아, 거짓 자아, 낮은 자아, 개인적 자아가 없었으며, 따라서 우리의 참된 자기에게는 이 겉보기에 '다른 자아'가 우리의 '진짜 자기'에 도달하거나, 그것을 알거나, 그것이 되는 여정이나 과정이 없었음이 분명해집니다.

그러나 이 사실을 경험으로 분명히 깨닫기 전에는, 우리가 자신이라고 상상하고 느끼는 제한된 내부의 자아가 어쩔 수 없이 겉보기에 어떤 과정이나 탐구, 여정을 거치게 되어 있습니다. 때로 '자기 탐구'로 알려진 이 찾는 과정은 분리된 자아에 본래 내재해 있습니다.

・・・

그러니 먼저, 우리 자신이 무엇인지에 관한 세 가지 기본 가능성을 살펴봅시다. 첫째 가능성은 마음과 몸이고, 둘째는 사물들의 목격자이며, 셋째는 **앎** 또는 **현존**입니다. 우리 자신에 관한 이런 입장에는 각각 그에 상응하는 세계관이 있습니다.

첫째는 무지의 입장이라 할 수 있습니다. 여기에서 '무지'라는 말은 비판적이거나 부정적인 뜻이 아니라, 사실을 나타내는 뜻으로 쓰인 말입니다. 이 입장에서는 우리의 참된 본성을 알아보지 못하기에 몸과 마음을 우리 자신으로 착각하며 그렇게 믿고 느낍니다.

둘째는 지혜의 입장 또는 이해의 입장이라 할 수 있습니다. 이 입장에서는 우리가 **앎**이며, 몸, 마음, 세계 등 모든 대상이 **앎**에, **앎** 안에 나타난다는 것을 분명히 인식합니다.

셋째는 사랑의 입장이라 할 수 있습니다. 이 입장에서는 대상, 타인, 자아, 세계가 없고, 대신에 순수한 경험의 이음매 없는 친밀함만 있으며, 그 실체는 **현존**, **의식**, **앎**입니다.

자기 탐구는 처음 두 입장에 속합니다. 첫째 입장에서는 자기 탐구가 깨달음이라는 목표를 향해 나아가는 분리된 개인이 수행해야 하는 과정으로 보일 것입니다.

둘째 입장에서는 더는 분리된 개인이라는 느낌이 없고, 우리는 자신을 몸, 마음, 세계의 목격자로 알고 있으며, 자기 탐구는 몸과 마음, 세계의 본질에 관한 비개인적 탐구입니다. 이런 비개인적 탐구를 통해, 목격자와 목격되는 것 사이에 존재하는 듯이 보이는 미묘한 이원성이 실제로는 존재하지 않다는 것을 서서히 깨닫게 됩니다. 이런 관점에서 보면, 자기 탐구는 앎을 가리는 것처럼 보이던 관념과 느낌의 층들을 차례차례 벗기는 과정입니다.

이는 셋째 가능성, 즉 우리가 앎 자체일 가능성을 드러내며, 여기에서 자기 탐구는 자연스러운 종말을 맞게 됩니다. 여기에서 앎은 자신을 제한하고 특정한 곳에 위치한 것처럼 보이게 하던, 생각이 덧붙인 거칠거나 미묘한 것들을 벗고, 있는 그대로 있음으로 드러나며, 자기만을 알고 자기로만 존재하며, 모든 모습과 친밀하게 완전히 하나입니다.

이러한 관점에서 보면, 앎을 향해 나아가는 과정도 없었고, 앎을 가리는 것처럼 보이던 무지의 층들을 벗겨 내는 일도 없었다는 점이 분명합니다. 언제나 앎만 있으며, 그 앎은 자기 말고는 어떤 것도 알지 못한다는 것을 알게 됩니다.

• • •

'나는 마음이다'라는 믿음에는 내가 주로 머리 가운데에, 눈 뒤 어딘가에, 경험을 아는 중추로서 자리하고 있다는 믿음이 포함되어 있습니다. 이 머릿속 위치는 생각하는 자, 경험을 아는 자가 거무르고 있다고 믿어지는 곳입니다.

머릿속에 있다고 여겨지는 '나'는 여러 모습으로 나타나며, 각 모습은 그 안에 있는 자신의 위치를 확인하고 입증하는 것처럼 보입니다. 생각하는 자, 아는 자, 선택하는 자, 결정하는 자, 계획하는 자, 기억하는 자, 판단하는 자, 욕망하는 자 등이 그런 모습입니다.

예를 들어, 이 순간 머릿속에 있는 '나'는 아는 자, 보는 자, 읽는 자, 이해하는 자인 것처럼 느껴질 수 있습니다. 하지만 우리의 주의를 이런 말들을 알거나 보는 자 쪽으로 돌려 보면, 거기에서 어떤 대상도 찾지 못합니다. 그 존재는 의심할 여지 없이 알거나 경험하고 있고 현존하지만, 대상의 속성이 전혀 없으며, 공간 어디에도 위치해 있지 않습니다.

'나'가 특정한 곳에 위치해 있으므로 제한된다는 믿음에 관해서는 이미 앞에서 다양하게 살펴보았습니다. 그러니 여기에서 덧붙일 필요가 있는 것은 하나뿐입니다. 즉, 이런 믿음을 경험으로 뒷받침해 주는 증거가 전혀 없다는 것을 분명히 보면 이 믿음이 증거 부족으로 저절로 사라진다는 것입니다.

이 단계에서는 우리의 참된 자기가 한계 없고 위치가 정해져 있지 않다는 것을 알지 못할 수도 있지만, 적어도 반대되는 증거가 없음은 알며, 이를 알면 우리는 그럴 가능성에 적어도 열려 있게 됩니다. 그리고 무엇보다도 우리 자신에 관한 경험으로 보이는 것을 더 깊이 탐구하는 데, 즉 자신이 몸 안에 위치해 있다는 느낌을 탐구하는 데 열려 있게 됩니다.

많은 사람이 개인적이고 제한된 '나'의 존재를 뒷받침하는 증거가 없다는 것을 지적으로는 이해하면서도 "아무것도 할 일이 없다"라는 입장을 택하는 바람에, 몸 안에 '나'가 있다는 느낌을 더 깊이 탐구하지 않고 멈추어 버립니다. '나'가 몸 안에, 몸으로 존재한다는 느낌은 겉보기에 분리된 자아의 훨씬 더 큰 측면이며, 분리된 '나'에 대한 믿음보다 더 깊은 뿌리를 가지고 있습니다.

다시 말하지만, '나'가 몸 안에 있다는 느낌에 관해서는 이미 많이 얘기했으니, 여기에서는 이 단계의 자기 탐구는 신체 감각을 '나'라고 느끼는 느낌을 경험으로 탐구하는 것이 포함된다고만 말씀드리겠습니다.

요즘 어떤 사람들은 자기 탐구를 "나는 누구인가?"라는 질문을 반복하는 것과 같은 단순한 마음속 훈련으로 축소해서 설명합니다. 하지만 겉보기에 분리된 자아가 실제로 있다는 느낌은 분리된 개인이라는 믿음이 약해진 뒤에도 대체로 오래 남아 있습니다. 그래서 자기 탐구는 마음 수준의 탐구를 넘어, 느낌 수준의 '나'라는 감각도 함께 탐구하며, 몸 안에 있는 분리된 자아라는 느낌의 더 깊이 숨겨진 층들을 고요히 사색하며 탐구합니다.

이 탐구에서는 두려움, 죄책감, 부끄러움, 결핍감, 사랑스럽지 않다는 느낌 등 더 깊은 층의 감정들이 저항이나 숨은 의도 없이 표면으로 떠오르도록 허용되며, 그 감정들의 핵심에 있는 분리감이 서서히 드러납니다. 지적인 이해와 실제 체험을 구별해 주는 것은 대개 이처럼 경험을 깊이 들여다보는 탐구입니다.

이 탐구는 우리의 참된 자기가 생각과 감정이 덧씌운 것들을 자연스럽게 노력 없이 저절로 벗어 버리고, 자신은 제한되고 어디에 위치한 것이 아니라, 마음, 몸, 세계의 목격자임을 알게 합니다. 이 지점에서 몸과 마음, 세계는 모두 같은 수준으로 보입니다. 다시 말해, 우리의 참된 자기와 다른 것보다 더 가깝거나 먼 것은 없으며, 더 친밀하거나 덜 친밀한 것도 없습니다. 모든 것이 '나 아님'입니다. 이는 "이것도 아니고, 저것도 아니다"라는 '네티 네티(neti, neti)'의 고전적 입장과 같습니다.

몸과 마음, 세계 안에 나타나는 모든 것은 이 목격하는 **앎**의 현존에게 나타나는 것으로 보입니다. 탐구가 깊어질수록 몸과 마음, 세계는 **앎**에게 경험될 뿐 아니라 **앎** 안에서 경험되며, 더 시간이 지나면 **앎** 안에서만이 아니라 **앎**으로서 경험됩니다. **앎**이 모든 대상의 실체임을 알게 됩니다.

이 단계에서 우리는 물을 수 있습니다. "**앎**이 그 실체라면 이런 대상들은 무엇인가?" 그리고 이제, **앎**이 실체를 이루는 대상들이란 실제로는 애초에 현존하지 않았음을 분명히 알게 됩니다. **앎**은 자기 자신만의 실체라는 것을 알게 됩니다. 그러면 모든 자기 탐구나 추론이 저절로 자연스럽게 멈추고, 우리는 단순히 **현존**으로 머무르게 됩니다. 우리는 이제 자신이 이 **현존**임을 알면서 그렇게 존재합니다. 그것으로서 머무릅니다.

따라서 자기 탐구는 마음에는 자세히 살펴보고 탐구하는 과정이며, 그러면 자연스럽게 우리 자신이 목격자라는 입장이 새롭게 확립되고, 제한하는 것처럼 보이던 것들이 벗겨지며, 결국에는 존재하는 유일한 참된 자기로서 단순히 머무르게 됩니다.

첫 단계는 수동적이고 관조적인 목격자의 입장보다 좀더 능동적으로 보일지 모르지만, 어떤 단계에서든 우리는 묻고 바라보는 것 말고는 실제로 어떤 행위도 하지 않습니다. 사실, 우리는 단순히 바라보고 있으며, 이렇게 볼 때 겉보기에 덧씌워져 있는 것의 층들이 점차 벗겨진다고 말할 수 있습니다. 하지만 어느 때든 이런 과정을 수행하거나 거치는 개인이 없다는 점은 강조되어야 합니다.

· · ·

햄릿 역을 연기하는 배우를 상상해 보세요. 자기 탐구는 햄릿이 "나의 참된 본성은 무엇인가?" 또는 단순히 "나는 누구인가?"라고 질문하는 과정입니다. 그가 그렇게 묻는 것은 당연합니다. 결국 그는 누구일까요? 배우일까요, 한 벌의 의상일까요? 그는 배우로서는 이미 자기를 알고, 자기 자신이며, 햄릿이 된 적이 없습니다. 그에게 햄릿은 한 벌의 의상과 몇 줄의 대사로 이루어진 허구의 개인입니다. 겉코기에 분리된 개인은 그와 같습니다.

우리가 탐구하는 자기는 유일하게 존재하는 자기입니다. 이 자기는 한동안 제한된 것처럼 보이지만, 이 똑같은 자기가 나중에는 무한하다는 것을 알게 됩니다. 탐구하는 동안, 이 자기의 한계로 보이는 것들은 자연스럽게 저절로 떨어져 나가고, 마음이 덧씌워 놓은 듯한 것들로 변형되지 않은 똑같은 자기만이, 말하자면, 벌거벗은 채 남아 있습니다.

탐구가 '나'라는 느낌으로 더 깊이 들어가면, 마음이 그 위에 덧씌운 모든 속성은 그것을 실제로 제한할 힘이 없다는 것을 분명히 알게 됩니다. 그러면 그 똑같은 '나'가 제한되지 않고 어디에 위치하지 않으며, 자기의 빛으로 자기의 존재를 알며, 있는 그대로 빛납니다.

위의 설명은 자기를 제한된 개인으로 믿고 느끼다가, 그 문제의 진실을 확인하기 위해 자기 탐구라는 과정을 시작하는 사람들을 위한 것입니다. **앎**이 자기를 제한하는 것처럼 보이는, 몸과 마음이 덧씌운 모든 것에서 완전히 독립해 있음을 보게 될 때, 우리는 동시에 우리 자신이라고 생각하고 느끼던 개인이 한 번도 존재한 적이 없음을 깨닫습니다.

겉보기에 분리된 개인이 자기 탐구의 과정을 거쳐, 자신이 한계 없고 어디에도 위치하지 않은 **앎**임을 발견한 것이 아닙니다. 이 한계 없고 위치 없는 **앎**만이 있으며, 자기의 존재를 아는 앎이 분리된 자아라는 믿음과 느낌에 가려진 것처럼 보일 뿐입니다.

우리는 이제 자기 탐구가 무엇인지를 이렇게 더 깊은 관점에서 재정

의할 수 있습니다. 이러한 정의도 어쩔 수 없이 한계가 있지만 말입니다. 우리는 **앎**이 생각의 형태를 취하며, 이 생각은 **앎**을 몸에 제한하고 몸 안에 위치시키는 것처럼 보인다고 말할 수 있습니다. 그러면 우리의 참된 자기인 **앎**은 자기를 하나의 개인, 하나의 몸으로 아는 것처럼 보입니다. **앎**이 이런 투사를 거두어들이면 자기 자신을 다시 있는 그대로, 한계 없고 위치 없는 존재로 알게 됩니다.

자기 탐구가 마음속 과정으로 여겨지는 것은 겉보기에 존재하는 듯한 개인에게만 해당합니다. 만약 이러한 개인은 존재하지 않으며, 따라서 자신의 본질을 탐구할 수도 없고, 실제로는 다른 어떤 것도 할 수 없음을 보게 되면, 언제나 **앎**만 있으며, 자기 탐구란 단순히 알아차리면서 이 **현존**으로 머무르는 것임을 분명히 알게 됩니다. 즉, 자기 탐구란 결국 우리 자신의 존재 안에, 우리 자신의 존재로 머무르는 것입니다.

자기 탐구는 스크린 위의 영상이 천천히 사라지는 것과 같다고 할 수 있습니다. 그러면 사물이나 개인(영상)으로 보이던 것이 실제로는 스크린일 뿐임이 드러납니다. 즉, 겉으로 보이는 '나'는 실재하는 유일한 '나'인 **앎**으로 이루어져 있고 언제나 그러했음이 드러납니다.

언제나 **앎**만 있으며, 때로는 제한되고 어디에 위치해 있는 것처럼 보이지만, 사실은 언제나 한계 없는 자기로 존재하며 자기를 압니다.

분리된 내부의 자아라고 느껴지던 '나'는 마치 분리되고 제한되고 특정 위치에 있는 개인이 되는 것처럼 보이게 하던, 생각과 감정이 덧씌운 모든 것을 벗어 버립니다. 그러면 그 똑같은 '나'가 앎의 참되고 유일한 '나'로 드러납니다.

33.
나는 어떤 것이거나 아무것도 아니거나 모든 것입니다

우리가 참된 자기라고 부르는 이 민감한 앎은 **현존**, 이 비어 있음, 이 아무것도 아닌 것이 사실은 모든 것의 본질이자 실체임을 분명히 보세요.

'나는 어떤 것이다'라는 믿음과 느낌은 무지의 입장입니다. 우리 경험의 참된 본성을 무시한다는 것을 전제로 하기 때문입니다. 그것은 허구적인 입장입니다.

우리의 참된 자기를 비어 있음으로, 아무것도 아닌 것으로, 즉 열려 있고 비어 있고 빛나는 **앎**의 현존으로 아는 입장은 지혜 혹은 깨달음의 입장입니다.

그리고 우리의 참된 자기를 겉으로 보이는 모든 것의 본질―몸과 마음, 세계라는 모든 겉모습의 본질―로 아는 입장은 사랑과 순수한 친밀함의 입장입니다. 이 입장에는 내부의 자아와 외부의 대상, 타인 또는 세계가 있을 자리가 없습니다.

우리에게는 다음 세 가지 선택지만 있습니다. '나는 어떤 것이다', '나는 아무것도 아니다', '나는 모든 것이다'. 우리는 매 순간 이 가운데 하나의 입장을 자유롭게 선택할 수 있습니다. 우리가 어떤 입장을 선택하든, 우리의 경험은 그 입장을 거울처럼 반영할 것입니다. 경험이 우리의 입장을 확인해 주는 것처럼 보일 것입니다.

만약 우리가 자기를 몸과 마음이라고 믿는다면, 대상과 타인, 세계는 분명히 실재하는 것으로 보일 것입니다. 그것들은 우리의 믿음에 부합하여, 그 믿음이 진실인 것처럼 보이게 할 것입니다.

만약 우리가 자기를 열려 있고 텅 빈 앎의 현존으로 여기고, 몸과 마음, 세계라는 대상이 그 앎에, 그 앎 안에서 나타난다고 본다면, 우리의 경험은 그 입장에 일치하여 나타날 것입니다. 우리는 참된 자기가 무심하고 치우침 없는 경험의 배경임을 알게 될 것입니다. 모든 경험의 한가운데에 본연의 자유와 평화, 행복이 있음을 알게 될 것입니다.

그리고 만약 우리가 자기를 경험의 목격자일 뿐 아니라 경험의 본질로 안다면, 다시 말해, '나는 모든 것이다'라는 입장을 취한다면, 겉으로 보이는 세계와 타인들에 대한 우리의 경험은 그런 이해를 확인하고 증명해 줄 것입니다. 우리는 사랑을 모든 경험의 자연 상태로 경험할 것입니다.

우리의 경험은 언제나 우리의 이해와 일치하여 나타납니다. 이 세 가지 가능성을 차례로 실험해 보면서, 우주에서 어떤 반응을 얻는지 한번 지켜보세요. 왜냐하면 이런 반응, 우리의 실제 경험에서 오는 반응이 세 가지 가능성 가운데 어느 것이 진실한지를 확인해 주기 때문입니다.

이런 확인은 어떤 형태로 올까요? 어떤 형태의 경험이 올 때, 우리는 자신이 서 있는 입장이 현실과 일치한다는 것을 정말로 확신할 수 있을까요? 비이원성에 대한 지적인 이해일까요? 아닙니다!

우리의 이해나 입장, 태도가 참되다는 것을 확신하게 해 줄 수 있는 경험은 우리가 삶에서 가장 소중하게 여기는 경험이어야 합니다. 우리가 삶에서 가장 소중하게 여기는 경험은 무엇일까요? 바로 행복의 경험입니다. 우리의 이해가 참되다는 것을 우주가 확인해 주는 형태는 바로 행복입니다. 행복이, 또는 그 동의어인 평화, 사랑, 아름다움이 최고의 확인입니다.

행복은, 경험이 모든 잘못된 믿음과 느낌에서 벗어났을 때 자기에게 "예스"라고 말하는 형태입니다.

34.
현존에 모든 것을 내맡김

때로는 마음 수준에서 '나'라는 생각을 자세히 살펴보거나, 몸 수준에서 '나'라는 느낌을 탐구해 보고 싶은 마음이 들지 않을 수 있습니다. 그럴 때는 우리가 친밀하게 참된 자기라고 알고 있는 '아는 **현존**'에 모든 것을 내맡길 수 있습니다.

이런 내맡김은 두 가지 형태를 띨 수 있습니다. 만약 우리 자신이 이 열려 있고 텅 비고 허공 같은 **앎**의 현존이며, 그 안에서 겉으로 보이는 몸과 마음, 세계의 대상들이 일어난다는 것이 명백하다면, 우리는 이 **현존**이 바로 우리 자신이라는 입장에 설 수 있습니다. 우리는 자신이 그런 존재임을 알면서 이 **현존**의 입장에 서며, 마치 이 방의 공간이 그 안에서 일어나는 일을 무엇이든 허용하듯이, **현존** 안에서 일어나는 모든 일을 어떤 숨은 의도나 개입 없이 다 허용합니다.

그러나 만약 우리가 이 **현존**이 아닌 다른 것이라고 여겨진다면, 즉 자신을 분리된 내부의 자아라고 생각하고 느낀다면, 우리는 조금 더 능동적으로 내맡길 수 있습니다. 그것은 봉헌, 즉 바치는 형태를 띨 수 있습니다. 우리는 생각, 감정, 지각을 이 **현존**에 바칩니다.

우리는 이 열려 있고 허용하는 **현존**을 참된 자기로 아는 입장에 서거나, 이 **현존**에 모든 것을 바칩니다. 그 둘은 사실 같은 것입니다. 가장 하찮은 생각으로부터 가장 깊고 어두운 감정에 이르기까지, 허용되거나 바칠 수 없는 것은 아무것도 없습니다. 우리는 모든 것을 허용하고, 모든 것을 바칩니다.

처음에는 몽상적인 생각, 일상적인 감정이나 신체 감각처럼 가장 명백히 드러나는 생각과 감정을 허용하거나 바칠 수 있습니다. 시간이 지나면서, 우리는 이런 몽상적인 생각들, 과거와 미래로 계속 작은 여행을 떠나는 생각의 흐름은 목적이 있으며, 그것은 몸속에 더 깊은 층들로 자리하고 있는, 더 불편할 수 있는 감정들을 알아차리지 못하게 막는 것임을 알아차릴 것입니다.

이런 작은 생각의 흐름들은 우리의 주의를 끌어들이는 데 번번이 성공합니다. 그래서 우리는 더 깊고 어둡고 불편한 감정들을 충분히 느끼지 않게 되고, 그 감정들은 몸 안 깊숙이 안전하게 묻혀서 거의 표면으로 떠오르지 않게 됩니다. 우리에게 의식되지 않은 채 영향을 미치는 이런 감정들이야말로 분리감이 실제로 자리하는 곳입니다. 우리는 흔히 생각에 **빠지거나 물질과 활동에 중독되는** 방식으로 그런 감정들을 교묘히 회피합니다. 그 결과, 그런 감정들이 감추고 있는 분리된 자아는 온전히 남아 있게 되고, 몸은 분리감의 피난처가 됩니다.

이런 더 깊은 감정들은 평소에는 보이거나 느껴지지 않지만, 더 쉽게 지각되는 생각과 감정, 활동, 관계에 무의식적으로 영향을 미치며 좌우 하기도 합니다. 사실, 모든 중독은 생각에 대한 중독이라는 근본적인 중독의 확장이나 변형입니다. 과거와 미래로 드나들면서 끊임없이 이어지는 생각이 이런 불편한 감정—결핍감, 불안, 무가치하다는, 실패자라는, 부적합하다는 느낌, 상실감, 절망감 등—을 더는 가라앉힐 수 없게 되면, 우리는 이런 감정들을 온전히 마주하지 않고 피하기 위해 물질이나 활동 중독 같은 더 극단적인 수단에 의지하게 됩니다.

불편한 감정이 일어나자마자, 우리는 자신이 선택한 물질이나 활동에 손을 뻗습니다. 그러면 불편한 감정이 잠시 누그러지고, 우리는 참된 본성의 평화가 잠시나마 빛나는 짧은 휴식을 경험하며, 마음과 몸의 긴장과 불안이 완화됩니다. 그러면 마음은 이 짧은 평화와 만족의 경험을 그런 활동이나 물질 덕분이라 여기게 되고, 그로 인해 그런 습관이 더 강해질 뿐입니다.

어느 순간, 우리는 이 회피와 추구 전략의 전모를 알아차리고, 우리가 오랫동안 회피해 왔던 감정들을 직면할 용기와 통찰을 갖게 될 것입니다. 그러면 우리 안에서 저항이 일어나고, 몸은 억누르고 회피하고 부정하고 추구하는 활동으로 우리의 주의를 다시 끌어들이기 위해 할 수 있는 모든 것을 시도할 것입니다. 하지만 우리가 용감하고 사랑한다면, 우리는 이런 에너지들의 표현이 우리를 통과하여 흘러가도록 놓아둘 것입니다.

이런 식으로, 처음에는 깨닫지 못한 채, 우리는 아는 **현존**의 입장에 서게 됩니다. 그리하여 이런 감정들이 필요로 하는 단 하나, 즉 '우리의 관심'을 그들에게서 빼앗게 됩니다. 이런 감정들은 우리가 자기를 탐닉하든 억누르든 상관하지 않으며, 양쪽 모두에서 똑같이 번성합니다.

만약 우리가 활동이나 물질을 통해, 또는 더 미묘한 형태의 회피 — 지루해함, 기대, 두려움, 예상, 의심 등 — 를 통해 이러한 감정들을 피하지 않을 용기와 통찰을 가진다면, 겹겹이 쌓인 그런 감정의 층들이 **현존**의 빛에 드러날 것입니다.

이 모든 감정은 분리된 내부의 자아가 취하는 여러 형태이며, 상상된 자아가 가장 견디지 못하는 것은 자신이 분명히 드러나는 것입니다. 이 자아는 우리가 주의를 기울이지 않을 때 번성합니다. 그림자가 그렇듯이 이 자아는 빛을 견디지 못합니다.

이런 감정들에 대해 아무것도 할 필요가 없습니다. 우리의 참된 자기인 아는 **현존**은 그것들과 아무 관련이 없습니다. 우리의 참된 자기에게는 아무것도 문제가 되지 않습니다. 오직 상상된 자아만이 그런 감정들을 없애고 싶어 할 뿐입니다. 사실, 분리된 자아를 없애고 싶어 하는 것은 자신을 영속시키는 더 미묘한 방법 가운데 하나입니다.

• • •

이런 허용이나 내맡김만으로 충분합니다. 과거에는 우리의 존재―이 열려 있고 텅 비고 허용하는 **현존**―가 몸과 마음에 독차지되었기에 그것들의 특성들을 띤 것처럼 보였습니다. 즉, 우리의 참된 자기가 제한되고 특정한 위치에 있으며, 나이가 몇 살인 여성이나 남성이고, 조밀하고 단단하며 죽을 수밖에 없는 사람으로 보였습니다.

이 내맡김이나 바침은 이런 과정을 반대로 뒤바꾸는 것입니다. 우리의 참된 자기가 몸과 마음의 속성들을 띠는 대신에, 몸과 마음이 이 열려 있고 텅 비고 투명한 **현존**의 속성들을 띠기 시작합니다.

그것은 따뜻한 물이 담긴 잔에 각설탕을 떨어뜨리는 것과 같습니다. 물은 아무 일 하지 않고, 각설탕도 아무 일 하지 않지만, 각설탕은 서서히 물과 같아집니다. 각설탕은 이름과 모양을 잃어버립니다. 물의 속성―투명함, 따뜻함, 열려 있음, 비어 있음―이 각설탕에 속속들이 스며들고, 물은 각설탕을 녹여 자기 안에 받아들입니다.

그것은 이 허용이나 바침에서 일어나는 일과 비슷합니다. 누가 누구 또는 무엇에게 하는 일은 아무것도 없습니다. 바치는 행위를 하는 듯한 그 자아, 바로 그 자신이 바쳐집니다.

몸과 마음, 세계는 그저 내맡겨지고, 때가 되면 우리 존재의 투명함, 열려 있음, 비어 있음과 친밀함이 그것들에 스며들어 구석구석 배어듭니다. 분리된 내부의 자아를 특징짓는 두려움과 걱정, 긴장은 몸이나 마음의 노력이나 훈련, 조작을 통해서가 아니라, 이 투명함 안에서 노력 없이 저절로 녹아 없어집니다.

· · ·

현존이 모든 것을 보살피게 하세요. 무엇이든 현존하는 것은 이미 **앎**에 완전히 받아들여지기에 현존하는 것입니다. 만약 **앎**에 이미 받아들여진 것이 아니라면, 지금 나타나지 않을 것입니다. 사실, 그것은 단지 받아들여진 것만이 아닙니다. 나타나는 모든 것은 **앎**에 사랑받습니다.

윌리엄 블레이크가 말했듯이, "영원은 시간의 산물들과 사랑에 빠져 있습니다." 사랑 또는 순수한 친밀함은 **앎**이 아는 유일한 경험입니다. 나타나는 모든 것은, 우리의 가장 깊고 어두운 감정들까지도 우리의 참된 자기인 이 **현존**에게 완전히, 조건 없이 사랑받습니다.

사실, **현존**은 모든 경험과 너무나 친밀하기에 불행이나 비통함을 알지 못합니다. 비통함에는 언제나 현재 상황에 대한 거부가 포함됩니다. **현존**은 어떤 것도 거부할 수 없습니다. 그것은 본래 활짝 열려 있으며 저항이 없습니다. 모든 거부와 그로 인한 모든 비통함은 참되고 유일한 자기인 아는 **현존**이 아니라, 상상된 자아에게 일어나는 일입니다.

우리는 보통 비통함은 피해야 한다고 생각합니다. 하지만 실제로는 정반대입니다. 비통함이 유일하게 견디지 못하는 것은 받아들여지는 것입니다. 비통함을 끝내는 것은 그것을 피해 물질과 활동에 빠지거나, 영적 완벽주의라는 상아탑에 뛰어드는 것이 아닙니다. 비통함은 상황을 아주 친밀하게 받아들여 가장 작은 저항의 여지도 없을 때 끝납니다.

그리고 저항 없이 완전히 허용되면 비통함은 어떻게 될까요? 비통함을 피하려는 충동이 전혀 없을 때, 우리가 경험에 붙이는 이름은 평화와 행복입니다. 모든 비통함은 바로 그것입니다. 비통함을 피하려는 시도로 인해 얇게 가려져 있던 평화와 행복.

우리가 이제껏 갈망했던 모든 것은 모든 경험의 한가운데에 있으며, 그저 발견되기만을 기다리고 있습니다. 우리에게 필요한 것은 오직, 지금 있는 것을 피하고 상상된 과거나 미래로 빠져드는 것을 멈추는 것입니다. 비통함은 지금 이 순간에는 머무를 수 없습니다. 살아남으려면 과거나 미래가 필요합니다.

모든 추구는 우리를 미래로 데려가며, 당연히 모든 경험의 한가운데에 늘 있는 평화와 행복을 가립니다.

내가 스승에게 처음 들은 말은 "명상은 모든 것에 대한 완전한 '예스'입니다"였습니다. 그 뒤로 들은 모든 말은 이 말에 대한 해설에 지나지 않았는데, 그렇다는 것을 나중에야 알아차렸습니다. 모든 것은 그것으로 시작해서 그것으로 귀결되었습니다. 어느 시점에는 삶과 사랑, 명상이 구별할 수 없게 됩니다.

> 사랑은 하나의 장소
> 그리고 이 사랑의 장소를 지나
> 움직이네
> (밝은 평화로)
> 모든 장소가
> 예스는 하나의 세계
> 그리고 이 예스의 세계에서
> 살아가네
> (정교하게 얽힌 채)
> 모든 세계가
>
> _E. E. 커밍스
> '사랑은 하나의 장소'

35.
문제는 없습니다

방 안에 무엇이 나타나든 방의 공간은 아무 문제가 없듯이 당신 자신인 아는 **현존**은 아무 문제가 없습니다. 어떤 것이 나타나고 있다는 사실은 당신 자신인 아는 **현존**이 이미 그것에게 '예스'라고 말했다는 뜻입니다. 다시 말해, 실제로는 아무 문제가 없습니다. 문제들은 언제나 생각이 우리라고 상상하는 자아에게만 있을 뿐, 아는 **현존**인 우리의 참된 자기에게는 전혀 없습니다.

방 안에서 반대편으로 공을 던진다고 상상해 보세요. 공은 공간에게 문제가 되지 않습니다. 사실, 공간은 공에 저항할 방법이 없습니다. 공간 안에서 일어나는 다른 물체만이 공에 저항할 수 있습니다.

분리된 자아는 이와 같습니다. 이 자아는 우리 참된 자기의 공간 안에서 일어나 현재 상황에 저항하는 하나의 생각 또는 감정입니다. 그 저항은 우리의 참된 자기를 분리된 개인인 것처럼 느껴지게 만들고, 중립적인 상황을 문제인 것처럼 느껴지게 합니다. 그런 저항이 없으면 그저 경험의 직접성과 이음매 없는 친밀함민이 있을 뿐, 그 안에는 '나'라는 개인이나 다른 사람, 다른 대상이 자리할 여지도 시간도 없습니다.

문제는 늘 상상된 한 부분이 상상된 다른 부분과 씨름하는 것이지만, 경험함에는 이음매가 없고 친밀합니다. 오직 이음매 없는 전제만 있을 뿐입니다. 순수한 경험은 서로 싸우는 부분들, 자아들, 대상들 또는 타인들로 이루어져 있지 않습니다. 문제는 언제나 생각에만 있습니다. 생각과 씨름하는 생각, 상황에 저항하는 감정. 이 모든 생각은 우리의 참된 자기 안에서 나타나지만, 우리의 참된 자기와는 무관합니다.

저항하는 생각이나 감정조차 우리의 참된 자기에게는 문제가 아닙니다. 그것은 단지 빈 공간에서 날아가는 다른 공일 뿐입니다. 상상된 자아를 이루는 저항하는 생각이나 감정은 상상된 자아에게만 문제일 뿐입니다.

분리된 자아만이 분리된 자아를 제거하고 싶어 할 것입니다. 사실, 분리된 자아민이 분리된 자아를 봅니다. 그리고 분리된 자아는 어떤 것을 볼 수도 없습니다. 그것은 보입니다. 분리와 그에 따른 문제들은 분리되어 있다는 상상된 관점에서만 있을 뿐입니다. 실제로는 그런 관점이 없습니다. 분리와 그에 따른 모든 것, 문제들은 언제나 상상된 것입니다.

우리의 참된 자기는 어떤 분리도 알거나 보지 못합니다. 그것은 분리된 내부의 자아도 알지 못하고, 분리된 바깥 세계도 알지 못합니다. 참된 자기가 아는 것은 순수한 경험함의 직접성과 친밀함뿐이며, 그 안에는 분리, 자아, 대상이나 다름이 전혀 없습니다. 그것이 아는 것은 사랑뿐입니다.

• • •

스크린이 영상에 가득하듯이, 우리의 참된 자기는 모든 경험에 가득합니다. 사실은 스크린이 영상에 가득한 것이 아닙니다. 스크린에서 떨어져 있는 영상은 없습니다. '영상'이란 스크린이 다른 것처럼 보일 때, 우리가 스크린에 붙이는 이름일 뿐입니다. '부분', '분리', '자아', '대상', '타인'은 경험이 우리의 참된 자기, 아는 **현존**, 순수한 친밀함이 아닌 다른 것처럼 보일 때, 우리가 경험에 붙인 이름들입니다.

우리의 참된 자기가 아무 분리도 보지 않는다면, 분리감을 없애고 싶어 할 이유가 있을까요? 문제를 보고 그것을 없애고 싶어 하는 것은 무엇일까요? 오직 상상된 자아뿐입니다. 겉보기에 존재하는 듯한 상상된 자아가 중립적인 상황을 해결해야 할 문제로 바꾸어 버립니다. 존재하지 않는 문제를 해결할 수는 없습니다. 문제를 해결하려고 하면, 우리는 그 문제가 실제로 있다고 인정하는 셈입니다. 문제는 우리가 주는 관심을 먹고 번성합니다. 사실, 문제는 우리가 주는 관심으로 만들어집니다.

지금 있는 것에 저항하지 않고, 지금 없는 것을 추구하지 않는다면, 즉 분리된 자아라는 활동이 없다면, 단순히 현재 상황, 하나의 이음매 없는 바탕만 있을 뿐이며, 우리 몸과 마음에 필요한 모든 것은 전체가 전체를 위해 자연스럽게 조율해 줄 것입니다.

위급 상황이 발생하면, 우리의 몸과 마음은 에너지를 동원해 반응해야 할 수도 있습니다. 그러나 그 반응에는 상상된 자아가 존재하지 않기에, 수없이 경험을 걸러내는 분리의 왜곡된 렌즈로 왜곡되지 않을 것입니다.

그런 상황에서 몸/마음은 필요한 일을 효율적으로 정확하게 해내면서, 그 상황에 맞는 자신의 역할을 다할 것입니다. 위급 상황이 지나가면, 몸과 마음은 열려 있고 투명하며 편안한 본래 상태로 돌아가고, 어떤 잔재나 흔적도 남기지 않습니다. 이런 식으로 몸과 마음은 분리감을 위한 피난처가 되지 않으며, 몸과 마음의 본래 민감함은 고스란히 남아 있게 됩니다.

마찬가지로, 세계는 멀리 떨어져 있고 분리되어 있고 죽어 있는 대상이 되지 않습니다. 그것은 생생하고 살아 있고 친밀한 채로 남아 있으며, 우리의 활동은 언제나 세계와 조화를 이룹니다. 왜냐하면 우리의 활동이 세계 안에서 비롯되며, 상상 속 외부에서 덧씌워진 것이 아니기 때문입니다.

36.
행복이 최고의 영적 수행입니다

질문 많은 스승은 경험의 참된 본성을 깨닫기 위해 겉보기의 개인이 할 수 있는 일은 아무것도 없다고 말합니다. 정말 그런가요?

만약 분리되어 있다는 믿음과 느낌, 내가 몸으로서 몸 안에 위치해 있다는 느낌이 있으면, 그 믿음과 느낌은 우리 경험의 현실을 가려서, 분리된 자아가 '여기 안에' 있고, 분리된 대상, 타인, 세계는 '저기 바깥에' 있는 것처럼 보이게 합니다.

사실, 이러한 믿음과 느낌은 우리 경험의 현실을 가리는 것처럼 보일 뿐, 실제로는 가리지 않습니다. 우리 경험의 현실은 우리가 무한하고 위치가 없는 아는 **현존**이며, 모든 경험에 친밀하게 가득하다는 것입니다.

우리의 참된 본성이 가려지는 것처럼 보이면서, 그 안에 본래 있는 평화와 행복도 가려집니다. 이렇게 행복이 가려지면 비통함이나 고통을 경험하게 되며, 고통에는 행복에 대한 추구가 내재해 있습니다. 행복에 대한 추구가 없다면, 다시 말해 만약 우리가 현재 상황에 완전히 만족한다면, 고통은 없을 것입니다.

따라서 '행복의 가려짐', '고통', '행복에 대한 추구'는 모두 동의어입니다. 이런 추구의 다른 이름은 '분리된 내부의 자아'입니다. 이 분리된 내부의 자아는 하나의 개체가 아닙니다. 그것은 저항하고 추구하는 활동이며, 그러므로 고통의 활동입니다. 겉으로 보기에 분리된 개체가 행복을 추구하는 것이 아니라, 그 개체가 바로 행복에 대한 추구입니다.

만약 우리의 고통을 다른 모든 것과 함께 앎 안에서 일어나는 것으로 보고, 그러니 그 고통에 관해 아무것도 할 일이 없다고 믿는다면, 우리는 자신을 속이고 있는 것입니다. 고통이란 현재 상황에 대한 저항이며, 어쩔 수 없이 미래에서 대안을 찾으려 하는 것입니다. 현재 상황에 대한 저항이 없다면, 고통도 없습니다. 만약 현재 상황이 고통을 겪고 있는 것이라 해도 그 고통에 대한 저항이 전혀 없다면, 고통은 지속할 수 없습니다. 고통은 저항이기 때문입니다. 고통은 즉시 행복으로 바뀝니다.

고통에 대한 모든 저항이 멈추는 순간, 고통은 본래 행복임이 드러납니다. 그러므로 고통조차 그 본질은 행복입니다. 행복은 고통까지도 포함하여 모든 경험의 한가운데에 조용히 있습니다. 알아보기를 기다리면서, 우리의 저항이 멈추기를 기다리면서, 우리가 용기와 사랑으로 돌아서서, 고통에 저항하거나 피하려는 욕망이 조금도 없이 고통을 직면하기를 기다리면서….

이런 까닭에 우리는 가장 어두운 절망의 순간에도 불행에 완전히 사로잡히지는 않습니다. 우리가 불행에 완전히 사로잡혀 버리면, 다른 어떤 것도 들어설 여지가 없을 것이고, 생각이 고통을 돌아보고 없애기 위해 자아를 따로 분리할 여지조차 없을 것입니다. 그렇다면 그것은 완벽한 비이원성이며, 따라서 완벽한 행복일 것입니다.

절대적인 고통이라는 것은 없습니다. 고통은 항상 다른 어떤 것과 섞여 있고, 상상된 미래에 고통을 없애 버리려는 욕망, 즉 행복을 향한 욕망과 섞여 있습니다. 그렇지만 다른 어떤 것과 조금도 섞이지 않은 절대 행복이 있습니다. 그것이 우리의 참된 자기입니다.

・・・

만약 불행이 있다면, 그것은 우리가 분리된 내부의 자아라는 입장에 서 있기 때문입니다. 그럴 때는 상상된 자아가 자신의 불행까지 포함하여 모든 것이 앎 안에서 일어나고 있다고 말할 수 없습니다. 왜냐하면 분리된 자아란 정확히 (우리 자신 등) 어떤 것들은 앎이고, (사물이나 세계 등) 다른 것들은 앎이 아니라는 믿음이기 때문입니다.

불행한 것과 '아무것도 할 일이 없다'라고 주장하는 것은 그 자체로 모순됩니다. 분리된 자아는 이미 행위이고, 현재 상황에 대한 거부이며, 행복에 대한 추구입니다. 그것이 바로 고통과 추구의 활동입니다. 그러니 만약 자신을 겉보기의 개인으로 믿으면서 '아무것도 할 일이 없다'라고 생각한다면, 자기 자신을 속이고 있는 것입니다. 우리는 마주할 용기도 지성도 내지 못하는 불편한 감정들을 비이원론이라는 겉치레로 덮고 있습니다.

이 경우에 비이원론은 우리의 새로운 종교가 되었을 뿐이며, 우리는 실제 경험을 정직하고 용감하게 직면하지 않고 피하는 데 그것을 이용하고 있습니다.

그럴 때 겉보기에 분리된 내부의 자아는 비이원론의 가르침을 전용하여, 자신을 방어하는 데 사용하고 있는 것입니다. 그런 입장은 하나의 믿음에 불과하며, 우리 몸 안에 감정으로 살아 있는 훨씬 더 깊은 고통의 층들은 건드리지 못합니다. 사실, "아무것도 할 일이 없다"라는 우리의 새로운 종교를 더 강하게 주장할수록, 분리된 자아는 몸속에 더 안전하게 묻혀 있게 됩니다.

하지만 조만간 우리 가슴의 은밀한 곳에서 고통이 다시 올라와, 우리가 행복을 추구하게 할 것입니다. 만약 겉보기에 거인으로서 우리가 아무것도 할 일이 없다고 느낀다면, 우리는 그런 가르침을 전혀 듣지 못한 사람들보다 더 나쁜 처지에 있는 것입니다. 왜냐하면 우리는 고통받고 있을 뿐 아니라, 고통의 원인을 파악하여 고통을 해결할 수단을, 복잡한 추론 행위를 거쳐, 스스로 부정하고 있기 때문입니다.

적어도 고통받고 있으면서 정직하게 해결책을 찾는 사람은 자신의 경험을 탐구하여 고통의 본질을 이해하게 될 가능성이 있습니다. 고통이 견딜 수 없는 유일한 것은 바로 이해되는 것, 즉 분명히 간파되는 것입니다. 고통은 궁극에는 환상이지만, 그렇다는 것을 보려면 우리가 고통을 용감하게 마주해야 합니다.

고통에서 벗어나는 유일한 길은 바로 그 한가운데를 통과하는 것입니다. 이런 가능성을 부정하면 우리는 갇히게 됩니다. 그것은 받아들임으로 가장한 부정이며, 평화로 가장한 두려움입니다.

참된 가르침은 언제나 즉각적이며, 순간의 필요에 맞게 수없이 다양한 형태를 취할 수 있습니다. "아무것도 할 일이 없다"라는 처방은 가르침이 취할 수 있는 수많은 형태 가운데 하나일 뿐입니다. 만약 그 가르침이 특정한 질문이나 상황에 대한 사랑과 지성의 반응으로 그 순간에 나온다면, 그것은 완벽할 것입니다. 하지만 만약 그 가르침이 모든 질문에 대한 기계적인 대답으로 제시된다면, 그 가르침이 해소하려는 무지를 지속시키게 됩니다. 사실, 그럴 때 그것은 무지에서 비롯된 것입니다.

참된 가르침은 말에 있지 않습니다. 그것은 말이 나오는 근원이자 말에 가득 스며 있는 사랑과 이해 속에 있습니다. 말은 가르침의 포장에 불과합니다. 말은 중요하지만, 오직 우리를 말이 나오는 근원으로 돌아가도록 인도하는 만큼만 그렇습니다. 그러므로 능숙하고 섬세한 스승이나 도반은 말을 현재 상황에 맞게 아주 다양한 수단과 표현으로 사용할 것입니다. 여기에는 겉보기에 분리된 개인과, 그 필연적 결과인 겉보기에 바깥에 있는 세계를 묵인하는 것처럼 보이는 표현도 때때로 포함될 것입니다.

마찬가지로, 만약 가르침이 명석한 지적 분석에서 나오고 완벽한 비이원적 문장으로 표현된다고 해도 경험에 따른 이해와 사랑의 향기가 빠져 있다면, 그것은 참된 비이원성이라고 할 수 없습니다. 비이원성은 살아 있는 경험이지 기계적인 공식이 아닙니다.

・・・

그렇다면 어떻게 해야 할까요? 이해를 추구하되, 지적인 이해가 아니라 경험적인 이해, 즉 분명하게 보기를 추구하세요.

고통은 무지, 즉 경험의 참된 본질을 간과하는 데에 기인합니다. 고통은 우리가 주의를 기울이지 않을 때 번성합니다. 고통은 분명하게 보이면 지속될 수 없습니다. 고통은 빛이 비치면 사라지는 그림자처럼 사라집니다. 고통은 발견될 수 없습니다. 그래서 인도에서는 단순히 '무지'라고 하지 않고 '무지라는 환상'이라고 부릅니다.

무지와 그에 따른 고통이 존재하지 않음을 보기 위해 필요한 일이라면 무엇이든 하세요. 필요한 일은 경우마다 다를 수 있습니다. 어떤 일이 필요한지는 저마다 스스로 알아내야 합니다.

'할 일도 없고, 할 사람도 없다'라는 이해가 이런 탐구의 결과로 나올 수 있습니다. 그러면 그 이해는 우리의 흔들림 없는 앎이 되고, 그 이해에 대한 의문도 생기지 않을 것이며, 외부의 확인도 필요하지 않을 것입니다.

하지만 이렇게 경험을 통해 이해하려면, 극히 드문 경우를 제외하면, 먼저 마음의 수준에서 분리되어 있다는 믿음을 조사해 보고, 자신이 몸이면서 몸 안에 위치해 있다는 느낌을 더 깊이 탐구해 봐야 합니다. 그런 조사와 탐구 없이 '할 일도 없고, 할 사람도 없다'라고 여긴다면 새로운 믿음이 될 뿐이며, '비이원성' 즉 '아드바이타'는 살아 있는 경험적 이해에서 하나의 종교로 전락합니다.

현존만이 참으로 있다는 것을 알게 되면, 분리된 개인과 그의 고통은 존재하지도 않고, 존재한 적도 없다는 사실이 동시에 이해됩니다. 따라서 겉보기의 개인이 무엇을 해야 하거나 하지 않아야 한다는 생각은 더 일어나지 않습니다. 그렇지만 우리가 직접 경험으로 이해할 때까지, 우리가 할 수 있는 일은 겉으로 보이는 경험의 이중성을 조사해 보는 것입니다. 왜냐하면 우리가 갈망하는 행복과 평화, 사랑을 가리고 있는 것이 바로 이 겉으로 보이는 이중성이기 때문입니다. 즉, 우리는 내부의 자아와 외부의 세계를 조사해 봐야 합니다.

어느 쪽부터 시작하든 상관없습니다. 둘은 사실 동전의 양면이기 때문입니다. 하지만 우리가 세계에서부터 시작한다면, 우리는 곧바로 세계를 지각하는 자를 고려해야 하며, '자아'는 겉보기에 존재하는 그 사람에게 우리가 붙이는 이름입니다. 그러므로 보통은 분리된 내부의 자아에서부터 시작합니다.

분리된 내부의 자아가 처음 나타나는 형태는 믿음입니다. 이런 믿음은 앞에서 이미 아주 자세하게 탐구했으니, 여기에서는 분리되어 있다는 '믿음'을 조사하는 것은 분리되어 있다는 '느낌'을 더 깊이 탐구하는 일의 전주곡에 불과하다고 말해 두는 것으로 충분합니다.

이 영역을 다루는 가르침은 거의 없습니다. 기껏해야 감정에 관해서는 그런 감정을 일으킨 이야기로 거슬러 올라가는 정도입니다. 우리 부모가 어린 시절에 우리에게 무엇을 했거나 하지 않았는지, 우리의 친밀한 배우자, 자녀, 고용주 등이 우리를 어떻게 대했는지 등에 관한 이야기들 말입니다. 그러나 이는 우리의 감정을 제대로 탐구하는 것이 아닙니다. 우리의 감정에 관한 이야기를 탐구하는 것일 뿐, 감정 자체를 탐구하는 것이 아닙니다. 그러니 그것은 마음 수준에서 이루어지는 탐구의 다른 측면입니다.

감정들은 몸 안에 살아 있습니다. 몸속에 자리한 이런 감정들이 분리감의 가장 큰 부분을 차지합니다. 몸 안에는 층층이 쌓인 감정들이 있는데, 각 층은 그 위의 층보다 더 깊이 숨겨져 있고 더 미묘하여 알아차리기 어렵습니다. 사라질 수 있다는 두려움, 무언가가 빠져 있다는 느낌은 분리된 내부 자아의 두 가지 본질적인 형태입니다. 이 감정들은 몸을 점령하여 수축과 긴장, 저항이 촘촘히 연결된 그물망으로 바꿔 버리며, 그로 인해 몸의 본래 열려 있음과 투명함이 가려집니다.

사실, 우리의 참된 몸은 아는 **현존**의 몸이지만, 상상된 자아는 단단하고 조밀해 보이는 이 몸을 우리의 실제 몸인 것처럼 바꾸어 버렸습니다. 이 조밀함은 감정의 층들로 이루어져 있으며, 이 감정들은 우리의 자세, 움직임, 활동을 보이지 않게 지배하고, 시간이 지나면서 신체 자체에 자리 잡게 됩니다.

• • •

분리된 내부의 자아라는 느낌이 주로 자리하는 두 곳은 머릿속(나, 생각하는 자)과 가슴 부위(나, 느끼는 자)지만, 이는 피상적인 분석입니다. 머리 자체가 그런 긴장들이 군집해 있는 곳입니다. 눈 뒤에는 '나, 보는 자'가 있고, 귓속에는 '나, 듣는 자'가 있고, 입속에는 '나, 맛보는 자 또는 말하는 자'가 있으며, 콧속에는 '나, 냄새 맡는 자'가 있습니다. 모든 감각, 그러므로 모든 감각 지각에는 저마다 그에 상응하는 '나'라는 느낌이 머릿속에 있습니다.

가슴 부위에는 '나, 느끼는 자 또는 사랑하는 자'가 있고, 손에는 '나, 만드는 자'가, 그리고 '나, 움직이는 자, 걷는 자, 하는 자' 등이 있으며, 이 모든 느낌이 '나'라는 조밀하고 다층적인 구조로 직물처럼 엮여 몸을 가득 채웁니다. 몸속에 있는 '나'라는 느낌을 탐구하면, 이런 직물 같은 구조가 먼저 드러나고, 뒤이어 하나씩 풀립니다.

몸 안의 '나'라는 느낌은 마치 가장 어린 시절까지 거슬러 올라가는 가족사진들이 가득 담긴 상자와 같습니다. 상자의 맨 위에 있는 사진들은 꽤 선명하고 알아보기 쉽습니다. 하지만 아래로 내려갈수록 사진들은 빛이 바래 희미해집니다. 선명함과 뚜렷한 윤곽을 잃어버리기 시작합니다.

'나'라는 느낌들도 이와 같습니다. 가장 명백한 느낌들은 머리와 가슴 부위에 퍼져 있는 일반적인 느낌으로 자리 잡을 수 있지만, 이런 느낌들이 분명히 보이면, 몸 안에 있는 '나'라는 느낌의 더 미묘한 층들이 드러나게 됩니다. 이러한 느낌들이 유일하게 견디지 못하는 것은 바로 분명히 보이는 것입니다. 왜냐하면 분명히 보일 때 그것들은 단순히 중립적인 신체 감각일 뿐, 그 중심에 분리된 자아가 없다는 것이 이해되고 느껴지기 때문입니다.

이렇게 관찰하여 알아차리면, 그 느낌들을 탐닉하거나 피해야 할 필요를 잃어버리게 됩니다. 그 느낌들은 저항이나 추구를 불러일으키지 않게 됩니다. 그 느낌들은 그저 있는 그대로 있도록, 즉 우리의 투명한 현존 안에서 나타나는 중립적인 감각으로 있도록 허용됩니다.

시간이 지나고 우리가 사랑으로 무심히 관조하다 보면, 감각들과 (그 안에 감각들이 나타나는) **현존**의 구분이 흐려지기 시작합니다. 만약 우리가 용기를 내어 이런 감각들과 함께 충분히 오래 머물고, 그것들을 피해 생각과 행동이라는 익숙한 통로로 도망치지 않으면, 그것들은 결국 이 **현존**임이 드러납니다. 사실, 그것들은 언제나 **현존**이었지만, 우리는 이제야 그렇다는 것을 알아차리고 느낍니다.

이렇게 경험으로 이해하여 감정의 각 층이 사라지면, 몸속 더 깊은 곳에, 본질적인 '나'라는 느낌에 더 가까이 자리한 다음 층이 드러나며, **앎**의 빛에 노출되면서 그 위에 덧씌워진 모든 '나'라는 느낌에서 벗어나게 됩니다.

어느 순간, 분리된 자아의 핵심적인 감정 ─ 사라짐에 대한 두려움과 결핍감 ─ 이 드러납니다. 어떤 사람들에게는 이것이 가장 먼저 드러나는 감정일 수 있는데, 두려운 경험일 수 있기에 그 감정에 자신을 완전히 열지 못하고 주저할 수 있습니다. 그럴 때는 앞에서 말했듯이 다시 서서히 접근하면 됩니다.

아니면, 처음부터 그 감정에 정면으로 마주하면서, 그 감정을 우리 존재의 투명한 현존에 놓아주라는 초대에 용기와 사랑으로 완전히 맡겨 버릴 수도 있습니다. 몸속 감정의 잔재들은 거의 모든 경우에 남아 있을 것이며, 시간이 지나면서 서서히, 애쓰지 않아도 자연스럽게 몸에서 씻겨 나갈 것입니다.

만약 우리가 더 서서히 접근한다면, 이런 본질적인 두려움과 결핍감의 드러남은 그렇게 극적인 사건이 되지 않고, 심지어 눈치채지도 못한 채

지나갈 수도 있습니다. 몸속에 있는 분리의 핵심적인 매듭이 풀렸다는 것을 나중에야 알아차릴 것입니다. 어느 쪽이든 몸속에 있는 분리된 자아의 느낌으로 엮인 구조 전체가 완전히 드러나고, 아는 **현존**의 빛에 바쳐지는 때가 오며, 아는 **현존**은 그것을 완전히 자기 안으로 받아들입니다.

・・・

이제 남은 것은 오직 **현존** 자체뿐이며, 그것은 자기 안에, 자기로 머무릅니다. 이렇게 아는 **현존** 안에, 아는 **현존**으로 머무르는 것이 명상의 본질이며, 진실로 가르침의 핵심입니다. 시간이 지나면서 그것은 우리 삶의 근간이 됩니다. 그것 외에는 정말로 필요한 것이 없습니다. 모든 말은 이렇게 **현존** 안에, **현존**으로 머무르는 것을 가리키기 위함일 뿐입니다.

마음의 수준에서 하는 조사는 우리의 존재를 가리고 있는 의심과 믿음을 걷어 내고, 몸속에 있는 더 깊은 감정의 층들을 드러냅니다. 이런 감정들을 탐구하고 녹여 없애면, 우리의 존재가 덧쓰워진 감정들의 더 깊은 층들에서 해방되어, 있는 그대로 꾸밈없이 서 있게 됩니다.

폭군 같은 자아의 지배에서 벗어난 몸과 마음은 이제 열려 있고 텅 비고 투명하고 민감한 것으로 경험되며, 행복과 평화, 사랑이라는 우리 존재의 본질적 성질을 표현하고 소통하고 나누고 누릴 수 있게 됩니다.

현존은 피해야 할 것이 없고, 그 충만함에 무언가 더해 줄 상태도 없습니다. 따라서 그것은 단순한 행복의 경험입니다.

행복이란 단순히 우리 자신의 존재를 있는 그대로 아는 것 — 우리의 존재가 자기를 아는 것 — 입니다. 알면서 그 존재로 머무르는 것이 순수한 명상이며, 결국에는 삶 그 자체입니다.

행복이 최고의 영적 수행입니다.

37.
앎의 빛

질문 당신은 앎이 몸과 마음, 세계라는 대상을 안다고 반복해서 말합니다. 또한 앎은 사물들과 자아들, 개체들, 타인들, 세계를 알지 못한다고도 말합니다. 모순되어 보이는 이 말들을 어떻게 조화시킬 수 있을까요?

앎이 대상들을 안다는 말은 몸/마음이 자체로 독립된 개체이며, 스스로 생각하고 느끼고 지각하는 능력이 있다는 믿음을 걷어 내기 위한 중간 단계의 이해입니다. 일단 이러한 설명이 주체와 객체가 분리된 존재라는 이전의 믿음을 뿌리 뽑는 역할을 다했다면, 대상들 자체를 정말로 알 수는 없다는 더 깊은 이해로 나아가기 위해 이 설명을 버릴 수 있습니다.

물론 시간이 지나면 이 새로운 이해도 버려야 하고, 우리는 참된 자기가 경험의 한가운데에서 빛나며, 경험에서 벗어나 자아, 개체, 대상, 세계를 상상하는 생각의 추상적인 상징들 속으로 옮겨 갈 수 없다는 것을 발견합니다. 따라서 이 두 가지 말은 모순되는 것이 아닙니다. 뒤의 말은 앞의 말을 확장하고 알맞게 다듬은 것입니다.

태양의 빛이 비출 뿐만 아니라 볼 수도 있다고 상상해 보세요. 어두운 밤에 태양은 세계의 대상들을 볼 수 없습니다. 태양에게 존재하는 것은 오직 텅 빈 공간에서 빛나는 자기의 빛뿐입니다. 밤에는 달만이 세계의 대상들을 보거나 알 수 있습니다. 그렇지만 달이 대상들을 보거나 아는 데 쓰는 빛은 태양의 빛입니다. 밤에 대상들을 비추고 보고 아는 것은 태양이 아니라 달이지만, 동시에 그것들이 보이게 하는 것은 태양의 빛인 것입니다.

마찬가지로, **앎**은 대상들을 알지 못합니다. **앎**은 그저 자기의 텅 비어 있음 안에서 빛나며, 자기만을 알 뿐입니다. 동시에, 마음이 대상들을 알게 해 주는 듯한 빛은 오직 **앎**의 빛입니다.

그리고 대상들이 밤에 보이거나 알려지려면 달이 있어야 하듯이, 깨어 있는 상태의 대상들이 보이려면 마음이 있어야 합니다.

밤에 대상들을 보거나 아는 것은 달뿐이지만(태양은 대상 자체와 접촉하지 않습니다), 진실로 보이는 것은 태양의 빛뿐이고, 보는 것은 태양뿐입니다. 달의 관점에서는 대상들이 있지만, 태양의 관점에서는 아무것도 없습니다. 그러나 달의 관점은 환상입니다. 달이 세계를 비추거나 보는 빛은 자기의 것이 아닙니다. 달이 대상들을 보고 알고 비추는 것처럼 보일 때도 달이 그렇게 하는 것은 아닙니다. 그 빛은 언제나 태양의 빛입니다.

대상들이 나타나려면, 태양의 빛이 달에 반사되어야 합니다. 마찬가지로, 대상들이 그 자체로 실재하는 것처럼 보이려던, 실은 앎에만 속하는 아는 작용이 마음에 반사되거나 굴절되어야 합니다. 앎의 아는 작용이 마음을 통해 굴절되면 그것은 대상들로 나타나며, 이는 마치 태양 빛이 달에 반사될 때 대상들이 보이는 것과 같습니다.

달에게 대상인 것처럼 보이는 것이 태양에게는 자기의 빛일 뿐입니다. 마음에게 대상인 것처럼 보이는 것이 앎에게는 자기의 아는 빛일 뿐입니다.

더 멀리 나아가 봅시다. 달을 보는 그것은 무엇일까요? 태양일까요? 아닙니다! 태양은 자기의 빛만을 알거나 볼 뿐입니다. 마음을 아는 그것은 무엇일까요? 앎일까요? 아닙니다. 앎은 자기만을 알 뿐입니다.

달은 달의 관점에서만 달일 뿐입니다. 마음은 마음의 관점에서만 마음일 뿐입니다. 생각, 감각, 지각은 생각의 관점에서만 생각, 감각, 지각일 뿐입니다.

앎은 그런 것을 알지 못합니다. 앎은 자기만을 알 뿐입니다. 그것이 순수한 평화입니다.

38.
스승과의 관계

질문 존재의 자연스러운 열려 있음으로 해방되려면 개인의 맹점들을 뿌리 뽑거나 드러내야 할 것 같습니다. 이런 해방으로 이끌 수 있는, 일대일로 가리켜 보이는 스승/제자 관계를 권장하시나요?

스승은 제자를 위해서든 제자에게든 바라는 것이 전혀 없습니다. 스승은 어떤 의도도 품고 있지 않습니다. 이른바 스승은 이른바 제자를 자기 자신으로, 즉 **현존**으로 봅니다. 제 경험에 따르면, 겉보기에 스승과 제자라는 관계에서 가장 큰 효과를 발휘하는 요인은 이런 태도입니다.

아주 오랫동안 세계는 우리를 분리된 개인인 것처럼 대했고, 그로 인해 우리는 한 개인처럼 생각하고 느끼고 행동하는 법을 배웠습니다. 어느 날, 은총으로, 아니면 우리 가슴속 깊은 갈망의 결과로(그 또한 은총인데), 우리는 자신을 온갖 요구와 기대를 품은 분리된 개인으로 대하지 않고, 우리의 참된 자기로 대하는 사람을 만날 수도 있습니다.

우리는 이러한 만남을 단순히 우정으로, "나는 이 남자/여자가 좋다"라는 단순한 느낌으로 받아들일 수도 있습니다. 우리는 그 사람과 함께할 때 편안함과 자유로움을 느낍니다. 왜 그런지는 잘 모를 수 있고, 중요하지도 않습니다. 우리는 그저 편안함과 자유로움을 즐기면서, 그러고 싶은 바람이 있고 상황이 허락하는 한, 그 사람과 자주 오래 만나면서 계속 함께합니다.

자신이 분리된 개인으로, 그에 따르는 온갖 일상적인 요구와 기대를 품은 개인으로 여겨지지 않으면, 깊이 안도하게 됩니다. 우리는 그저 본래 우리 자신으로 자유롭게 있을 수 있습니다. 이것이 각자에게 의미하는 바는 다를 수 있지만 말입니다. 때로는 안도감이 작아서 마음과 몸 수준의 이완으로만 느껴지기도 하고, 때로는 더 극적이어서 눈물이 나고 웃음이 터져 나오기도 합니다.

때로는 가르침이 우정의 형태로만 이루어지기도 합니다. 많은 말이나 설명을 할 필요가 거의 없거나 전혀 없습니다. 그저 함께 있을 뿐입니다. 이런 식으로 스승의 편안함과 자유로움이 우리에게 스며들고, 마치 감기에 전염되듯이 영향을 받습니다.

하지만 우리에게 스며드는 편안함과 자유로움은 한 개인의 것이 아니라, 인간 스승의 몸과 마음이 완전히 녹아든 우리의 참된 본성 안에 본래 있는 것입니다. 우리는 왜, 언제, 어떻게 그런 일이 일어났는지 모르는 채(신경 쓰지도 않습니다!) 서서히 그 안에 자리 잡게 됩니다. 마찬가지로, 우리는 그런 일에 관해 이야기하기를 즐길 수도 있지만, 그저 조용히 지내면서 하루하루 생활할 뿐 그런 일에 관해 거의 말하지 않을 수도 있습니다.

내 첫 번째 스승은 어떤 제자가 "다시 태어난다면 어떤 상태로 태어나고 싶으신가요?"라고 농담처럼 질문했을 때, "참된 자기로 실현되었지만, 그에 관해 말할 필요는 없는 상태로!"라고 대답했습니다.

우리 가운데 많은 사람은 호기심이 많아서 이 편안함과 자유로움의 맛을 탐구해 보고 싶어 하며, 그래서 질문하기 시작합니다. 이런 질문에 응답하면서 가르침은 발전하고 정교해집니다. 그런 스승과 함께 지낼 특권과 행운을 얻은 사람이라면, 가르침이 항상 살아 있고 즉각적이며, 무엇보다도 그 순간에 꼭 맞게 주어진다는 것을 알게 될 것입니다.

그런 스승의 가르침은 공식처럼 굳어지거나 기계적으로 주어지지 않습니다. 어떤 질문을 받으면, 스승은 조사하거나 탐구하거나 연습해 볼 과제를 즉석에서 고안하여 제안할 수 있습니다. 그것은 당면한 문제를 다루는 데 도움이 되는 방법입니다. 그런 과제는 한 번 쓰인 뒤에는 스승과 제자에게 다 잊힙니다! 실험은 그 순간에만 살아 있습니다. 스승에게서 나온 이런 제안들을 모아서 고정된 방법이나 체계로 만들어 버리는 것은 학자와 지식인들뿐이며, 그것이 훗날 종교가 되어 버립니다.

나의 스승과 함께했던 초기에 나는 이런 실험과 탐구를 아주 좋아했고, 특히 몸과 세계의 본질에 관한 것을 좋아했습니다. 그것은 나의 직접 경험을 탐구하는 것이었습니다. 얼마 후 그분의 격려를 받아 스스로 탐구하며 실험해 보기 시작했습니다. 아주 재미있고 즐거웠습니다!

처음에는 내가 제대로 가고 있는지 확인하기 위해 이 새로운 실험들을 그분에게 말씀드렸지만, 얼마 뒤에는 따로 말씀드리지 않았고, 내 경험을 새롭게 탐구하는 방식을 발견하는 것이 즐거웠습니다. 여기에는 몸과 세계에 관한 탐구만이 아니라 논리적 추론 방식도 포함되었습니다.

얼마 후, 가르침에 관해서는 더 의문이 없었습니다. 모든 것을 알았다는 뜻이 아닙니다. 내가 황금 열쇠를 받았고, 집으로 돌아가는 길을 발견하는 법을 배우고 있다는 뜻입니다.

그 후 한동안은 이 사랑과 이해가 일이나 예술, 인간관계, 가족 등 세계의 실용적인 면에서 어떻게 표현되는지에 관한 질문들만 있었습니다. 그 뒤로는 이런 주제들에 관한 대화는 거의 없었고, 우리 두 인물이 어떤 식으로 만나든, 그저 함께 있는 것을 즐겼을 뿐입니다.

내 경험에 따르면, 스승은 활과 화살을 들고 모든 미묘한 형태의 무지를 겨냥하고 있는 사람과 같지 않습니다. 필요하면 활과 화살은 언제나 거기 있지만 말입니다! 내 경험으로는 스승은 사랑과 지성의 바다에 가깝습니다. 우리는 분리되고 제한된 개인이라는 믿음과 느낌을 이 바다에 바치며, 이 바다는 그 믿음과 느낌을 녹여 없앱니다. 우리는 이 바다가 처음에는 스승이라는 개인에 속한다고 여기지만, 나중에는 비개인적인 **현존**에 속한다는 것을 알게 됩니다. 그렇게 녹아 없어지는 일이 어떻게 일어나는지 나는 잘 모르지만, 사람마다 독특한 방식으로 일어납니다.

몇몇 사람에게는 스승의 현존조차 필요하지 않겠지만, 이런 드문 경우에도 겉보기의 무지를 녹여 없애는 것은 바로 그 사랑과 지성의 바다입니다.

스승과의 관계를 돌아보면, 그것은 하나의 불가사의입니다. 우리는 무슨 일이, 언제, 어떻게, 왜 일어났는지 모릅니다. 남아 있는 것은 사랑과 감사로 녹아든 가슴뿐입니다. 우리는 무엇과 사랑에 빠져 있는지도 모르고, 누구에게 감사하는지도 모릅니다. 이 일에 관해 말하는 것은 불가능에 가깝습니다. 그럴 필요도 없습니다. 자신의 삶 전체가 이런 사랑과 감사의 몸짓이 된다는 것을 점점 더 많은 사람이 발견하고 있기 때문입니다.

・・・

얼마 전 내 스승에 관한 꿈을 꾸었는데, 그 꿈은 나와 스승의 관계를 생생하게 보여 주었습니다.

꿈속에서 아내와 나는 그분과 함께 크고 오래된 집에 머무르고 있었는데, 다음 날 떠날 예정이었습니다. 나는 작별 인사도 하고 고맙다고 말하고 싶어서 그분을 찾기 시작했습니다.

　얼마 후 우리 둘은 각자 다른 문을 통해, 집의 한가운데 있는 작은 방에 동시에 들어갔습니다. 눈이 마주치자 우리는 따뜻하게 미소 지었습니다. 나는 그분에게 다가가서 그분을 안았고, 한동안 꼭 끌어안고 있었습니다.

　그러다가, 여전히 한 팔은 두른 채, 나는 스승(프란시스)의 등을 쓰다듬으며 "고마워요, 고마워요, 고마워요."라고 부드럽게 말했습니다. 마지막으로 "고마워요."라고 인사한 뒤, 나는 균형을 잃기 시작했습니다. 나는 발끝으로 서 있었는데, 꿈속에서는 그분이 나보다 키가 컸기 때문입니다. 나는 뱃멀미가 난 것처럼 흔들리기 시작했고, 무언가 단단한 것을 붙잡기 위해 팔을 뻗었습니다.

　하지만 그때 내 안의 무언가가 "아니, 어떤 것도 붙잡지 마. 완전히 놓아 버려."라고 말했습니다. 이 말들이 울려 퍼지면서, 우리의 몸은 서로에게로 녹아들기 시작했고, 얼마 뒤에는 완전히 하나로 녹아들었습니다. 우리는 이렇게 한없이 있었습니다.

　어느 순간, 우리의 몸이 나타나 각자의 모습을 되찾기 시작했습니다. 얼마 지나지 않아 우리는 평소처럼 마주 보고 서 있었습니다.

　스승이 내게 말했습니다. "사람들에게 얘기할 때는 누가 그 빛을 지니고 있는지를 꼭 말해 줘요."

우리는 작별 인사를 하고 헤어졌습니다.

질문 인도 전통에서 가르침은 구루 즉 스승이 제자의 받아들이는 능력에 맞추어 통찰이나 에너지를 전수해 주는 것입니다. 말을 사용할 수도 있고 사용하지 않을 수도 있지만, 말은 주된 방편이 아닙니다. 저는 사람들과 영적 주제에 관해 나누는 대화를 즐기는데, 정직한 자기탐구에서 견해의 전쟁터로 바뀌는 경우가 너무 많습니다. 조언을 들려 주시겠습니까?

말이 가르침의 주된 방편이 아니라는 것은 정말 맞는 말입니다. 말은 가르침의 바깥층입니다.

그렇지만 언어는 추상적인 소리를 한 데 엮는 것만이 아닌, 그 이상의 것이 있습니다. 예를 들어, 우리는 '안녕하세요'라는 간단한 인사조차 수많은 방식으로 말할 수 있다는 것을 압니다. 이런 각기 다른 방식은 그 말에 깊이와 의미를 더할 것입니다. 사실, 참으로 중요한 것은 말 자체보다 그 말을 하는 방식입니다. 마찬가지로, 스승이나 가르침의 다른 많은 측면이 이해의 본질을 전달합니다.

이런 미묘한 소통 방식보다 더 강력한 것은 그 말이 일어나는 근원인 침묵과 사랑, 이해입니다. 우리의 말이 이러한 침묵에서 나온다면, 그 말은 이를테면 침묵을 잉태한 채로 와서 듣는 이의 가슴속에 곧장 그 침묵을 전달할 것입니다. 듣는 이는 이런 침묵의 씨앗이 가슴속에 심긴 것을 알아차리지도 못할 수 있습니다. 나중에 그 씨앗이 우리 안에서 자라기 시작할 때에야 비로소 마음은 무언가가 변했다는 사실을 알아차립니다. 우리는 이 씨앗이 언제 어떻게 심겼는지 알 필요도 없고, 사실 알 수도 없습니다.

그것은 사랑에 빠지는 것과 같습니다. 왜 하필 그 특정한 얼굴이나 미소가 이 깊은 사랑을 불러일으켰을까요? 누가 알며, 누가 신경 쓸까요? 그리고 이러한 사랑이 우리 안에서 일어났을 때, 그것은 우리가 늘 알고 있었지만 한동안 잊어버리고 있던 무엇 같지 않던가요? 우리는 이 사랑이 가장 친밀하고 친숙하게 알고 있던 것임을 알아보지 않나요? 우리는 이것을 위해 산다는 것을, 개인이 아니라 이 사랑을 위해서 산다는 것을 알지 않나요?

가르침이나 스승도 마찬가지입니다. 가르침이나 스승의 무엇이 절대자에 대한 이 사랑을 깨어나게 하는 것일까요? 나는 모릅니다! 어떻게 한 번의 바라봄이나 말 한마디, 몸짓 하나가 가슴을 녹일 수 있을까요? 나는 모릅니다!

처음에는 이러한 사랑이 스승에게 달려 있는 것처럼 보일 수 있습니다. 마치 우리가 십 대 시절에 사랑이 연인에게 달려 있는 것처럼 느꼈듯이 말입니다. 하지만 시간이 지나면, 스승이나 가르침이 곁에 없어도 이

향기는 오래 남아 있습니다. 스승이나 가르침을 생각하기만 해도 가슴속에 살아 있는 그 사랑이 다시 깨어날 수도 있습니다.

시간이 더 지나면, 스승이나 가르침을 생각할 필요도 없어집니다. 사랑은 단순히 자기의 뜻에 따라 스스로 깨어납니다. 사실, 사랑은 언제나 그렇게 했습니다. 스승과 가르침, 연인과 아이는 사랑이 겉보기의 개인을 가슴속으로 돌아오도록 이끌기 위해 취하는 형태였을 뿐입니다.

에필로그

내 쉰 번째 해가 오고, 또 지나고
나는 앉아 있었네, 홀로
붐비는 런던의 어느 찻집,
대리석 탁자 위엔
펼친 책 한 권, 빈 찻잔.
찻집과 거리를 물끄러미 바라보는데,
돌연 내 온몸이 타오르는 듯했지.
이십 분쯤이었을까
너무도 벅찬 그 행복에
나는 축복받았노라,
축복할 수도 있으리라 느꼈네.

_W. B. 예이츠
'Vascillation' 4절

언제든 경험되는 것은 오직 경험함의 경험뿐입니다. 경험을 경험하는 것은 무엇일까요? 오직 경험뿐입니다. 경험이 자기를 경험하거나 압니다. 이 순수한 경험함이 우리 자신입니다. 그것은 우리 존재의 친밀함으로 가득합니다.

오직 우리의 참된 자기만, 순수한 경험함만 있습니다. 그것은 경험 전체라는 형태를 취하지만, 자기를 몸이나 마음, 세계와 같이 자기 아닌 다른 것으로 알지 못합니다.

몸과 마음, 세계는 마음의 관점에서만 그러할 뿐입니다. 하지만 마음의 관점은 우리 꿈속 사람의 관점이나 티브이 속 인물의 관점처럼 상상된 관점입니다. 그런 관점은 가상의 분리된 자아가 보는 가상의 관점에서만 실재할 뿐입니다.

사실, 관점이라는 것은 없습니다. 보임만 있을 뿐이고, 보임의 모든 부분―보임이 실제로는 부분들로 이루어져 있지 않지만―은 봄 또는 경험함으로 가득합니다. 그것은 봄 또는 경험함으로만 이루어집니다. 보임은 자기를 보지만, 하나의 대상으로 보는 것은 아닙니다. 그것은 너무 가깝고 너무 친밀해서, 자기를 풍경이나 대상 같은 '어떤 것'으로 보거나 알 수 없습니다. 경험은 자기와 너무 가까워서 자기를 몸이나 마음, 세계로 알 수 없습니다.

자기를 경험하는 경험이란 무엇일까요? 창밖을 보세요. 생각이 일어나 '나무', '집', '자동차', '사람'이라고 말하기 전, '감각'이나 '지각'이라고 말하기 전, '감각하고 있다'거나 '지각하고 있다'라고 말하기 전, 심지어 '이것은 생각이다'라고 말하기도 전… 그 시간 없는 순간(사실은 언제나 현존하는 지금), 그 경험은 무엇일까요?

경험은 경험되고 있는 전부이지만, 마음은 그 자리에 갈 수 없습니다. 생각은 경험의 참된 본질에 이름 붙일 수 없습니다. 그렇게 하려면 경험은 자기를 '분리된 아는 자'로서 경험에서 떼어낸 뒤 경험을 돌아봐야 하기 때문입니다. 그것이 바로 내부의 자아, 즉 '경험을 아는 자'라는 가상의 분리된 개체입니다.

상상된 마음만이 그런 일을 할 수 있는 것처럼 보이지만, 사실은 자신의 상상 속에서만 그렇게 합니다. 실제로는 그렇게 하지 않습니다. 사실, 마음은 마음의 관점에서만 마음일 뿐입니다. 경험 자체의 관점에서 보면, 경험은 자기에게 너무 가깝고 너무나 친밀하여, 자기에게서 떨어져 나올 수 없고, 자기가 경험인지도 알 수 없습니다.

다름을 알지 못하는 친밀함, 사물들, 자아들, 개체들, 타인들 또는 세계를 알지 못하는 그 친밀함이 바로 사랑의 경험입니다.

• • •

어떤 사람들은 이런 말을 복잡하고 추상적이며 이해할 수 없다고 여기고, 철학적인 횡설수설로 치부할 수도 있습니다. 하지만 이 말이 다른 사람들에게는 우리가 언제나 알고 있었지만 아마도 주의 깊게 살피지 못했던 것을 명료하게 표현하는 말로 여겨질 수 있습니다. 이런 말을 읽으면서 우리는 자신이 직접 이런 말을 쓴 것처럼 느낄 수도 있습니다. 우리의 경험을 아주 친숙하고 정확하게 묘사하고 있기 때문입니다.

우리는 몸과 마음, 세계가 이해 속에서 녹아내리는 것을 볼 수 있으며, 이런 이해가 사랑임을 알게 될 것입니다. 마음은 때때로 '무언가'를 알기 위해 일어나려 할 수 있지만, 다시 또다시 힘들이지 않고 이 사랑과 이해로 녹아들 것입니다.

때때로 우리는 그저 고요히 앉아서, 그 순간의 직접성과 친밀함에 완전히 잠겨 있을 것입니다. 한 개인으로 잠겨 있는 것이 아니라, 이 직접성과 친밀함만을 알 뿐입니다. 우리는 그것이 덧없으면서도 영원하고, 의미 없으면서도 소중하며, 깨지기 쉬운 동시에 파괴될 수 없으며, 하나의 대상으로는 실재하지 않으나 사랑으로는 완전히 실재한다고 느낍니다.

전화벨이 울릴 때, 그 순간 우리가 원하는 것은 전화에 응답하는 것이 전부임을 알며 전화기를 집어 듭니다. 우리 아이가 감자칩 한 봉지를 사 달라고 하면, 우리가 원하는 것은 감자칩 한 봉지를 사 주는 것이 전부입니다. 아침에 세수할 때, 우리가 원하는 것은 피부에 느껴지는 따뜻한 물의 느낌이 전부입니다. 무엇을 만지든, 무엇을 보든, 무엇을 듣든… 우리는 만짐으로, 봄으로, 들음으로 그것을 축복하며, 동시에 그것에게 축복 받습니다.

우리는 삶의 중심에서 삶의 중심으로 있는 우리의 참된 자기를 발견하며, 참된 자기는 저항하거나 추구할 최소한의 동기도 없습니다. 우리는 붓을 들어 얼굴이나 풍경, 병을 그리는 화가의 동기를 이해하며, 그는 붓질할 때마다 모든 경험에 가득하며 모든 경험 자체인 친밀함, 진동, 살아 있음, 사랑을 표현합니다.

우리는 세계가 녹아들어 사라지는 그릇을 만들려는 욕망을 이해합니다. 우리는 하나의 붓질에, 메모에, 미소에, 걸음이나 몸짓에 어떻게 사랑이 부어지는지를 이해합니다. 우리는 모든 것을 아름답게 만드는 것이, 사실 겉보기에 존재하는 듯한 모든 것을 아름다움으로 녹아들게 하는 것이 바로 이러한 통찰임을 깨닫습니다. 우리가 보는 모든 것, 하는 모든 것이 신성합니다.

・・・

모든 경험의 중심에는 열린 문이 있습니다. 그것은 경험과 따로 떨어져 있는 피난처로 인도하는 문이 아닙니다. 우리가 그 문을 지나 경험의 중심으로 깊이 들어가면, 결국 경험 자체는 익숙한 이름과 형태를 잃게 됩니다.

우리는 깨닫습니다. 사실, 이런 익숙한 이름과 형태가 우리를 경험과 계속 따로 떨어져 있게 했고, 모든 경험의 자연 상태인 친밀함과 사랑을 가리고 있었음을…. 마음은 그 문을 통과할 수 없습니다. 그 문이 어디에 있는지도 모릅니다. 그 문은 모든 경험의 심장부에 안전하게 숨겨져 있습니다.

경험의 중심에는 우리가 아는 모든 것을 불사르고, 모든 것을 자기 자신으로 바꾸는 불이 있습니다.

모든 것을 이 불에 바치세요.

이 불은 평화와 행복의 경험이며, 모든 것이 도착할 목적지이자 모든 것이 나오는 근원입니다.

그것은 우리가 평생 갈망했던 것이며, 우리는 여기에서, 모든 경험의 중심에서 빛나는 그것을 발견합니다.

옮긴이 심성일

어린 시절부터 '나'라는 존재에 대한 의문을 가지고 방황했으나 기존의 철학과 종교로부터는 해답을 찾지 못하였다. 삼십 대 초반에 만난 재가의 선(禪) 스승들의 가르침을 통해 영적 체험을 하고 바깥으로 찾는 마음을 쉬게 되었다.
지은 책으로는 《바로 지금, 바로 여기, 바로 이것》, 《명상, 침묵의 향기》, 《선(禪)으로 읽는 복음》, 《이것이 선(禪)이다》, 《이것이 그것이다》, 《아쉬타바크라의 노래》, 《깨달음의 노래》, 《깨달음, 열 번째 돼지 찾기》, 《자기에게 돌아오라》가 있고, 역서로는 《경이로운 부재》, 《아디야샨티의 참된 명상》, 《완전한 깨달음》이 있다.

옮긴이 김윤

서울대학교 경영학과를 졸업했다. 지금은 자유롭고 평화로운 삶으로 안내하는 글들을 우리말로 옮기고 소개하는 일을 하고 있다. 그동안 번역한 책으로는 《네 가지 질문》 《기쁨의 천 가지 이름》 《가장 깊은 받아들임》 《아잔 차 스님의 오두막》 《나 자신, 영원하고 무한한》 《당신, 존재의 바다에게》 《지금 여기에 현존하라》 《순수한 앎의 빛》(공역) 《사랑에 대한 네 가지 질문》 《직접적인 길》 등이 있다.

현존의 행복

초판 1쇄 발행 2025년 8월 28일

지은이 루퍼트 스파이라
옮긴이 심성일, 김윤

펴낸이 김윤
펴낸곳 침묵의향기
출판등록 2000년 8월 30일, 제1-2836호
주소 10401 경기도 고양시 일산동구 무궁화로 8-28,
　　　삼성메르헨하우스 913호
전화 031) 905-9425
팩스 031) 629-5429
전자우편 chimmukbooks@naver.com
블로그 http://blog.naver.com/chimmukbooks

ISBN 979-11-990765-6-3 03840

*책값은 뒤표지에 있습니다.